safeCreative
1 208220 666580
Registered works

ISBN: 9781696849609

Psicología Positiva

Fundamentos, estudios y ejercicios

Miguel D'Addario · PhD

Primera edición

Comunidad europea

2019

Índice

Autor

Miguel D'Addario es un escritor, coach y profesor. Italiano.

Ha publicado libros artísticos, poesía, relatos, filosofía existencialista, académicos, y técnicos educativos con diferentes editoriales. Sus libros han sido traducidos al inglés, francés, italiano, portugués y griego.

Licenciado en Periodismo, Máster en Educación Social y Doctorado en Comunicación Social por la Universidad Complutense de Madrid. Ha desarrollado su experiencia en diversos campos de la docencia, desde la Formación Profesional hasta el nivel Universitario, tanto en Iberoamérica como en Europa.

Sus libros se encuentran en diferentes centros de estudios y bibliotecas del mundo, como por ejemplo la Universidad San Pablo de Perú, Universidad de Santo Domingo la República Dominicana, Universidad de San Gregorio de Ecuador, Universitat de Valencia, Biblioteca Nacional de España, Biblioteca Nacional de Argentina, Universidad de Texas, Universidad de Toronto, Universidad de Deusto, Universidad de Illinois, Universidad de Kansas, Bibliotecas de la Comunidad de Madrid, Castilla y león, Andalucía, y

País Vasco, Biblioteca Nacional Británica, Universidad de Harvard, Biblioteca del Congreso de los Estados Unidos. PhD y ensayista, ha recibido premios y menciones de Asociaciones de escritores, Centros Culturales, Universidades, y sedes afines. Igualmente, como Ponente, Conferenciante e Investigador, en Universidades, Centros educacionales, públicos y privados. Como ingeniero es autor de libros técnicos educativos, de variados niveles y temarios. Autor de libros de filosofía, ontología y metafísica. Autor de libros de Autoayuda y Coaching. Sus libros están distribuidos en los cinco Continentes, son de consulta asidua en Bibliotecas del mundo, y se encuentran inscritos en los catálogos, ISBNs y bases bibliográficas Internacionales. Son traducidos a múltiples idiomas y pueden encontrarse en los bookstores internacionales, tanto en formato papel como en versión electrónica.

https://g.co/kgs/CSyGV9

Introducción

La psicología positiva es una rama joven de la Psicología, aparece en el año 2000 de la mano de M. Seligman y Cols. Aunque destacan los estudios de Fordyce.

Tiene como objetivo conseguir una mejor calidad de vida y bienestar.

A diferencia de la psicología tradicional que se centra en los trastornos psicológicos y los problemas, la psicología positiva se dirige al estudio de las emociones positivas, el desarrollo de las virtudes potenciando las propias fortalezas y la búsqueda de la felicidad o estado de bienestar.

El psicólogo norteamericano Michael W. Fordyce (1977,1983) desarrolló una intervención dirigida al incremento del bienestar.

Estos estudios pasaron desapercibidos debido al poco interés que suscitaba en aquel momento por la comunidad académica el estudio de lo positivo.

En base a los datos que Fordyce obtuvo de sus trabajos, diseñó un programa final que denominó "Programa de los 14 Fundamentales", referido a las siguientes 14 actividades:

1. Mantenerse más activo y ocupado.

   a) En actividades placenteras.

   b) Actividades físicamente demandantes.

   c) Actividades novedosas

   d) Actividades en compañía mejor que en soledad.

   e) Actividades con sentido mejor que triviales.

2. Emplear más tiempo en actividades sociales.

3. Ser productivo en trabajos a los que se dé un significado.

4. Organizarse, manejar bien el tiempo.

5. Detener preocupaciones.

6. Ajustar expectativas y aspiraciones.

7. Desarrollar un estilo de pensamiento optimista y positivo.

8. Estar más centrado en el presente que en el pasado o en el futuro.

9. Cultivar una personalidad saludable.

10. Desarrollar una personalidad sociable y con actividades fuera de casa.

11. Ser auténtico.

12. Eliminar sentimientos negativos y problemas.

13. Fomentar y conservar relaciones íntimas.

14. Dar valor a la felicidad y su mantenimiento.

De la misma manera, podemos encontrar claras tendencias positivistas en la corriente humanista de la psicología, floreciente en los años 60 y representada por autores tan reconocidos como Carl Rogers, Abraham Maslow o Erich Fromm. Esta búsqueda de lo mejor del ser humano hace que orezca el potencial del individuo. La psicología positiva adopta el método de la psicología científica, ampliando el campo tradicional de actuación distanciándose de los métodos de autoayuda que tanto proliferan en nuestros días. En palabras de Martin Seligman, la psicología positiva surge con la intención de superar la resistente barrera del 65% de éxito que todas las psicoterapias han sido incapaces de sobrepasar hasta hoy. Las técnicas que surgen de la investigación en psicología positiva vienen a apoyar y complementar las ya existentes. La relación de variables como el optimismo, el humor o las emociones positivas en los estados físicos de salud se revela como uno de los puntos clave de la investigación en psicología positiva. Según Seligman, la psicología debería trascender los conceptos centrados en la patología y crear una terminología positiva en vez de las abundantes expresiones negativas tan presentes en la psicología tradicional. Debe además crear nuevos instrumentos de evaluación, centrados en identificar las fortalezas del individuo, para así orientar la prevención y los tratamientos y potenciar el desarrollo personal de las personas. El impacto de estos desarrollos no sólo tendrá efectos positivos individuales, sino que también tendrá efectos sociales positivos en un mundo complejo que constantemente plantea nuevos retos para sus habitantes.

También existen diferencias en cuanto a la expresión de unas y de otras. Así, las emociones negativas se expresan en rictus faciales específicas que hacen posible su reconocimiento universal (Ekman, 1989). Por el contrario, las emociones positivas no poseen expresiones faciales únicas y características.

En general las emociones negativas tienen un valor adaptativo y han servido para dar respuestas y soluciones a los problemas a los cuales se ha enfrentado en hombre desde sus orígenes. Imaginémonos la siguiente escena. Algún lugar de África hace 40.000 años, dos individuos pasean por la sabana. En su paseo encuentran huellas de león. La adrenalina sube y el corazón acelera su ritmo para poder dotarles de energía en caso de tener que huir o luchar. La función evolutiva del miedo es clave para poder perpetuar la especie y se asocia a impulsos de acción. En contraposición, para entender el valor adaptativo de las emociones positivas necesitamos abandonar el marco teórico bajo el que entendemos las emociones negativas.

Actualmente la psicología positiva, bajo bases científicas, busca estudiar las emociones placenteras, el desarrollo de las virtudes y la búsqueda de la felicidad, tiene como principal precursor al Doctor Martin Seligman, quien sostiene que la auténtica felicidad puede cultivarse identificando y utilizando muchas de las fortalezas y rasgos que ya se poseen. Seligman las agrupa en seis categorías: sabiduría y conocimiento, coraje, relaciones interpersonales, justicia, moderación y trascendencia.

El aplicar estas fortalezas en los ámbitos de la vida, nos permitirá desarrollar protecciones naturales contra el infortunio, la depresión y las emociones negativas, y además situaremos nuestras vidas en un plano nuevo y más positivo.

La felicidad en la psicología positiva

La felicidad puede suceder como la suma (S) del paquete genético que traemos al nacer, por ejemplo, la tendencia a ser menos o más optimista; las circunstancias (C) y el entorno que nos ha tocado enfrentar, y por último la voluntad (V). En qué medida tomamos la vida en nuestras manos o culpamos a la herencia y a las circunstancias, con lo cual se asegura que ser feliz es un acto volitivo, una decisión personal.

$$\text{Felicidad} = S + C + V$$

Sin embargo, ante la pregunta ¿Cómo lograr la felicidad? Se menciona la existencia de tres niveles a través de los cuales la persona busca la felicidad, a los cuales llama: vida agradable, vida buena y vida con sentido.

-Para el nivel de vida agradable la receta es llenar la vida de placeres y aprender a disfrutarlos en su correcta medida sin embargo este tipo de "felicidad" no se acumula, su efecto dura poco.

-El segundo nivel lo denomina, la vida buena, la cual hace referencia a lo que Aristóteles llamaba "eudaimonia", que ahora se le intenta llamar "estado de flujo", es decir, un estado de la mente y alma en el que la persona pone a plenitud su ser al encontrarse completamente absorbida por una actividad que la hace poner en práctica sus virtudes experimentando una enorme satisfacción después de haberla realizado.

En resumen, la felicidad que nace en cada uno al hacer algo para lo que somos buenos o talentosos. De ahí la importancia de conocer nuestras fortalezas, así como procurar actividades que ayuden a fomentarlas.

-El tercer nivel consiste en poner tus virtudes y talentos al servicio de alguna causa que sientas más grande que tú.

De esta manera dotas de sentido toda tu vida. Se trata de encontrar aquello en lo que realmente creemos y poner todas nuestras fuerzas a su servicio.

En relación con lo anterior es significativo señalar que estudios recientes en neurociencia demuestran que los jóvenes tienden a buscar el placer y el riesgo aunado, a diferencia de los adultos, a la búsqueda de recompensas principalmente sociales necesarias para su capacidad adaptativa, lo cual muchas veces los lleva a decisiones catastróficas.

Sin embargo, las investigaciones ratifican que la inquietud por encontrar ese "estado de fluir" del que se hace mención arriba y la lucha por los ideales confirman que logran una mayor satisfacción y sentido de felicidad los jóvenes que ponen en práctica todo su potencial y cultivan su espíritu a través del deporte, el estudio y otras actividades trascendentales dirigiéndose a una vida buena y con sentido.

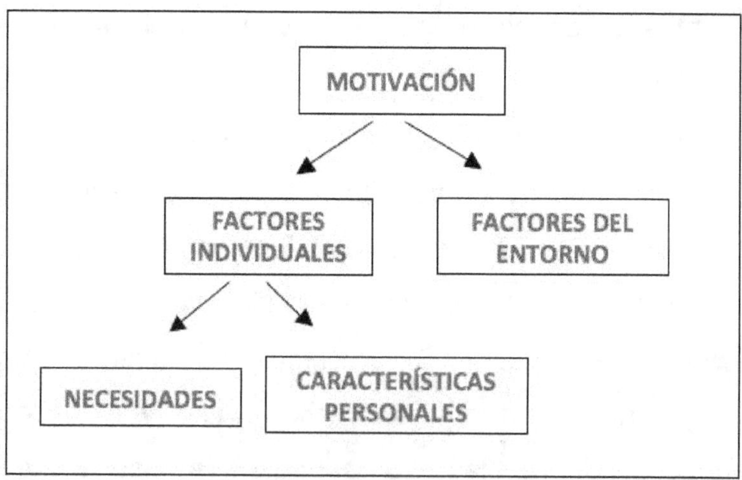

Ejercicio para activar la psicología positiva

Desde hace siglos diversos autores han hablado sobre cómo alcanzar cierta felicidad, la Psicología Positiva recopila lo anterior y bajo un sustento científico ha logrado identificar que existen algunos aspectos que sí funcionan para tratar de alcanzarla:

- Aprender a vivir intensamente el momento presente.

- Comprender que después de la salud, la paz interior es uno de los primeros bienes.

- Es fundamental valorar lo que tenemos sin añorar lo que nos falta.

- La felicidad está hecha de pequeños detalles.

- Poner nuestro interés y esperanzas solo en lo que podemos controlar y depende exclusivamente de nosotros, nuestra felicidad y la que podemos dar a otros, debe estar cimentada en nuestro mundo interior, que es lo único que podemos poseer.

- Hacer un recuento de las experiencias vividas, agradecer, aprender de los aciertos y errores, establecer metas y crear un plan para concretarlas. Tener un proyecto en tu vida que te entusiasme.

- Identificar tus fortalezas y desarróllalas en tu vida diaria.

- Construir mentalmente aquello que deseas atraer a tu vida. Visualízate lográndolo y ponte en marcha para obtenerlo.

- Reforzar la visión optimista de la vida. Escribe diario tres cosas buenas que te hayan pasado durante una semana. Pueden ser cosas de pequeña o gran importancia.

Responder

¿Por qué paso esto?,

¿Qué significa para mí el que haya sucedido?,

¿Cómo puedo tener más de este tipo de cosas en el futuro?

Cuidar tus decisiones. Antes de elegir, evalúa las 4R:

- Retorno del riesgo.

¿Qué es lo peor que puedo esperar?

¿Puedo asumir el riesgo en este momento de mi vida?

- Retorno del esfuerzo.

  ¿Cuánto esfuerzo implica para que lo que quiero ocurra?

  ¿Estoy dispuesto(a) a asumirlo?

- Retorno del sacrificio. en relación con el beneficio que busco obtener.

  ¿Realmente vale la pena el sacrificio?, ¿Puedes manejar este sacrificio financiero, física y mentalmente?

  ¿Quién más se verá afectado?

- Retorno del tiempo.

  ¿Cuánto tiempo invertiré en el mejor o peor de los casos?

  ¿Por qué estás dispuesto(a) a invertirlo?

  En caso de no obtener lo que deseas ¿Qué obtienes a cambio?

Campos de la psicología positiva

Potenciales

- Sabiduría: Dentro de esta fortaleza está la creatividad, curiosidad, apertura de la mente, perspectiva y el deseo de aprender.

- Coraje: Está compuesto de la valentía, persistencia, integridad y vitalidad.

- Humanidad: Se compone de Amor, amabilidad e Inteligencia Social.

- Justicia: Lo conformarían el civismo, ecuanimidad y liderazgo.

- Templanza: Capacidad de perdonar, humildad, prudencia y autoregulación.

- Trascendencia: Apreciar la belleza, gratitud, esperanza, humor y espiritualidad.

Optimismo

Es una visión positiva de la vida, el optimista va a ver el vaso siempre medio lleno.

En palabras de W. Churchill: "Un optimista ve una oportunidad en toda calamidad; un pesimista ve una calamidad en toda oportunidad".

Resiliencia

Es la capacidad que tiene el ser humano para enfrentarse a las adversidades, sobreponerse a ellas y salir fortalecido de la experiencia.

Flow (fluir)

Estado de absorción y concentración en el que se encuentra una persona al realizar una actividad o tarea para su satisfacción personal perdiendo la noción del tiempo.

El flow es necesario para ser feliz.

Para ello es necesario: Un objetivo claro, un feedback inmediato y un grado de dificultad accesible a la tarea.

Felicidad

Es un estado de bienestar subjetivo.

Seligman distingue 3 niveles para ser feliz:

1- Vida placentera. Llenar la vida de todos los placeres posibles disfrutándolos al máximo.

2- Vida buena. Ser conscientes de las propias virtudes y fortalezas y ponerlas en práctica.

3- Vida con sentido. Dar sentido a tu vida poniéndola al servicio de alguna causa importante para ti, tus virtudes y fortalezas.

Creatividad

Es un fenómeno global que radica en las personas y existe en un contexto.

Se puede aprender. Hay una serie de variables relacionadas con la creatividad como son la inteligencia, motivación intrínseca y autoestima.

Inteligencia emocional

Consiste en captar, comprender y regular nuestras emociones y las de los demás.

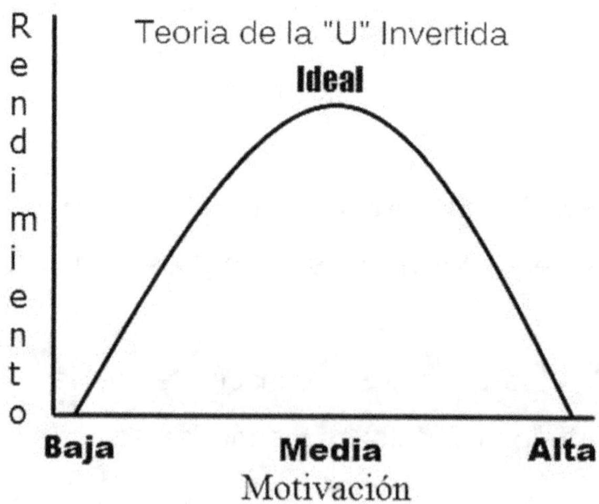

La opinión sobre uno mismo

La opinión interna es la única que importa, por eso Pensar bien de uno mismo es básico. La elección de pensamientos en el mar de pensamientos requiere una alta dedicación, esfuerzo y atención, pero vale intentarlo dada la importancia del pensamiento positivo y como afecta a nuestra manera de afrontar la vida. Elige tus paquetes de pensamientos personales para tu máximo bienestar, para ser mejor. Ponte en estado de alerta y filtra el pensamiento, selecciona lo positivo que traes naturalmente y salta los paradigmas negativos heredados, las influencias del entorno. Instala en ti mismo la imagen de vida que sientes que mereces por sobre la que tienes. No tiene sentido fomentar el pensamiento positivo si no somos los primeros a los que nos lo aplicamos, para vernos positivamente. Los demás no tienen mala intención sobre nosotros, salvo unos poquititos, es parte del juego de convivir. Si no somos capaces de tratarnos bien, los demás es probable que no lo hagan. Si transmitimos inseguridad en lo que hacemos, aun haciéndolo bien, ¿Cómo otros podrían a confiar en nosotros? Para que los demás te valoren y respeten, tú tienes que hacerlo primero.

Puedes aumentar tu autoestima si estas convencido de que lo haces por tu bien, porque lo mereces, porque eres valioso y te quieres. Necesitas tu vida plena, ya que tú eres capaz de dar y recibir mucho más. Inventa tu método personal para conseguir una autoestima fuerte, aprende a quererte paso a paso desde pequeñas cosas en adelante. Comienza a verte de forma muy positiva, eres el punto inicial, convives en primer lugar contigo, luego con tu universo exterior. El cerebro es un procesador de datos ultra inteligente infinitamente más grande y veloz que una PC, que solo hace lo que el programador indica. Es un órgano vivo que procesa millones de datos en milisegundos y optimiza su trabajo agregándole soluciones a lo que tu intención enfoca. El cerebro tiende a seleccionar y eliminar lo que va procesando en el transcurso del día según que eliges intentar. No nos podemos fijar en todo y pasa lo mismo con los pensamientos, son demasiado veloces para la voluntad del observador, pero para la intención no importa. No tenemos que darle órdenes a un brazo para que levante un objeto

de forma consciente, el cerebro sí lo hace respondiendo a nuestra intención.

Los pensamientos son tan increíblemente veloces que día a día se automatizan. Por eso muchas de las cosas que hacemos ni las analizamos. El cerebro si lo hace de forma automática en un segundo plano para poder dedicar el primer plano a lo que tenemos en la conciencia superficial.

Cuando pensamos algo de nosotros mismos el cerebro lo aprende de inmediato. No tiene que pensarlo la próxima vez. Pensando formamos creencias y sentimientos. Así prearmamos la reacción ante cualquier situación, reto o desafío, hablar ante el público, encontrarnos con alguien importante, una entrevista de negocio, una competencia, etc.

Todo lo que tenemos en el horizonte lo pensamos una y otra vez. Cuando nos encontremos en la situación, el cerebro, para evitar el estrés, hará lo que ha aprendido, ya que lo hemos pensado mil veces. Y sucede justamente, lo que has imaginado, porque todo lo estamos pensando a modo de repetición. Es la única fórmula que el cerebro tiene para resolver toda situación de acuerdo con la carga que le hemos puesto.

Por tanto, se trata de elegir pensamientos benéficos entre el océano de pensamientos en el que navegamos. Dicho de otro modo, pensar lo mejor posible. Es esencial empezar por uno mismo, para transmitir a nuestro cerebro seguridad y nuevas pautas de comportamiento.

¿Cómo fomentar el pensamiento positivo?

Todos tenemos cosas positivas. Tienes cosas buenas, como todo el mundo, puede que seas discreto, listo, ordenado, coherente, pacífico, simpático, divertido, buen conversador, trabajador, paciente, fiel, buen amigo, atento, empático, quizás das buenos consejos, tienes sentido del humor, seas gracioso, talentoso para muchas cosas.

Hay miles de muchas cosas buenas que ya eres y puedes ser. Haz una lista tan larga como sea posible de adjetivos y piensa cuáles son los tuyos.

Si aún no eres capaz, observa cosas buenas que tengan los demás y mira si tú no las tienes mejor que ellos. No se trata de buscar lo que no tienes sino de encontrar lo que tengas.

Todos tenemos cosas buenas, si ni tú ni nadie te las sabe ver, considera que tu problema viene de la gente que te rodea. ¿Qué hacen contigo si no tienes nada bueno?

Desde luego que un mal entorno fastidia la autoestima a cualquiera.

Haz una lista bien larga de tus cosas positivas. Pídele a quien te quiere bien que te ayude a extender esa lista. Si sabes escuchar, te irás descubriendo el potencial oculto o que está emergiendo en ti.

Tenemos infinito potencial, aunque aún no lo vislumbremos.

Márcate pequeñas metas e imagínate consiguiéndolas. Cuando lo consigas felicítate por ello y recuérdalo tanto como sea posible. Imagínate consiguiendo cada vez cosas más importantes y recuérdate a menudo todas las cosas buenas que descubres que tienes. Ten la lista siempre a mano, verás como pronto empiezas a añadir cosas a tu lista y va siendo cada vez más larga.

Trabaja mucho a nivel interior. Busca dentro de ti mismo todo lo positivo que tienes y cuando lo encuentres no permitas que se te olvide. Si te gusta, escribe en secreto tu propio diario de alabanzas, escribe lo bien que has hecho las cosas ese día. No te fijes en lo que has hecho mal cuando ya es tarde para corregirlo, aprende a focalizar en positivo y asómbrate de cómo lo bueno en ti automáticamente se agiganta a sí mismo.

Pensar bien de uno mismo es la ruta para querernos más, para ser más felices, para que nos salgan mejor las cosas y afrontemos nuevos retos con optimismo.

Si practicamos el pensamiento positivo con todo, "todo" sucede mejor. Refuerza tu autoestima y aprende a quererte. Y cuando te sientas auto querido, auto aceptado, auto amado, en ese estado naturalmente se erradican tus cosas malas, a las que debes agradecerles por impulsarte a superarlas.

Haz en todo momento ejercicios de quererte, aceptarte, amarte, aprobarte, valorarte tal como eres a la vez que trabajas por mejorar, siempre se puede mejorar, aceptarse no significa dejar de mejorarse a uno mismo.

Un gran aplauso para tu vida, que es grandiosa, cósmica, infinita.

Te aplaudo como a un enorme artista porque tu potencial es inimaginable, aunque no te des cuentas.

Ejercicio 1

Imagínate en el futuro

La grandeza consiste en aferrarte a un sueño, independientemente del entorno en el que vivas.

En este ejercicio vamos a jugar, a ser creativos, a usar nuestra imaginación. Vamos a dejar de ser críticos y realistas y soñemos por un momento.

1) Crea a tu personaje a futuro.

2) Escribe cuál es su forma de pensar, de actuar, qué cosas le gusta hacer, cómo viste, dónde y con quién vive, si tiene pareja o hijos, a qué se dedica, cuántas horas trabaja y en qué lugar (si es que trabaja, claro), si no trabaja qué hace en su día a día. Si viaja, a dónde. Cómo se alimenta, qué tipo de ejercicio hace. De cuánto dinero dispone. Qué hobbies tiene. Cómo es su crecimiento personal, qué lee, etc.

3) Describe cada una de las áreas de la vida de ese personaje futurista.

4) Este personaje eres tú mismo en unos años, o meses. A veces nos ayuda distanciarnos y crear a un personaje que no tiene que ver con nosotros en el presente, porque así no nos sentimos limitados por nuestra propia mente.

Acerca del optimismo

El Optimismo es un término antiguo y moderno a la vez. Es un concepto demasiado manido y también demasiado desconocido, ya que a menudo conocemos de él más que los mitos que rodean a su auténtica esencia. Mucha es la bibliografía que habla directa o indirectamente sobre el optimismo y muchos son los prismas de observación. De hecho, es como una encrucijada de caminos.

Se pueden considerar optimistas los libros de autoayuda de masas del "tú puedes cambiar tu vida"; o el "carpe diem" de muchas mentalidades actuales; o los ejemplos de lucha y superación en diferentes niveles: deportivos, médicos; o también las estrategias de mejora y evaluación en las empresas que, cada vez con más frecuencia, reúnen a los empleados en casas rurales para trabajar habilidades de comunicación, liderazgo, rentabilidad, todo bajo el mensaje de "somos una gran familia a la que sacaremos juntos adelante"; o incluso los diaporamas que los internautas envían en cadena por la red con mensajes del tipo "si tienes fe tu sueño se realizará". Hay tantos enfoques del optimismo que se hace difícil establecer un axioma sobre el mismo. Todo el mundo sabe lo que es, pero, seguramente, hay tantas concepciones como personas.

A juzgar por lo que a veces se entiende por optimismo, deberíamos curarnos de nuestras enfermedades, tener suerte en la vida, cumplir nuestros deseos... lo que sitúa a aquellos que tienen "reveses" duraderos en personas que los tienen porque no han creído con suficiente fe, o no han sido demasiado luchadores, o son débiles y no han podido superar los contratiempos. Y más, deberíamos ir por la vida siempre sonriendo.

Sonreír

El Optimismo no es eso. Está más ligado al recorrido que a las metas. Esta más unido al sentido que damos a la existencia que a lo que conseguimos, aunque a veces en el camino haya tristeza y tengamos que reconocer y vivir esa tristeza.

Que el Optimismo nos ha acompañado siempre es un hecho. Sin irnos muy lejos y sondeando nuestras raíces culturales nos encontramos con muchos refranes -auténtica sabiduría popular- que nos dan testimonio de esto:

- "A mal tiempo buena cara".

- "Lo que no mata engorda".

- "Después de la tempestad viene la calma".

- "No hay mal que por bien no venga".

- "Cuando una puerta se cierra otra se abre".

- "El tiempo pone todo en su sitio"

Además, en nuestra cultura occidental hemos crecido con la idea del valor de la esperanza que, para el común de las personas, sean religiosas o no, equivale a la creencia de que tenemos una meta o un final y de que el dolor no dura eternamente.

Concepto de optimismo

El Optimismo es definido por diversos autores de las siguientes formas:

Para D. Goleman, "el optimismo -al igual que la esperanza- significa tener una fuerte expectativa de que, en general, las cosas irán bien a pesar de los contratiempos y de las frustraciones. Desde el punto de vista de la Inteligencia Emocional, el optimismo es una actitud que impide caer en la apatía, la desesperación o la depresión frente a las adversidades." "Es una actitud emocionalmente inteligente".

Los profesores de psicología Dolores Avia y Carmelo Vázquez hacen un estudio muy detallado del optimismo, enfocándolo desde muchos prismas. Ellos hablan de Optimismo Inteligente frente al Optimismo ilusorio. Del primero dicen que es "una de las mejores armas para adaptarnos al medio y transformarlo"; serviría como "elemento motivador de las conductas que promueven el cambio y la acción humanas" (...) "no se trata de un estado final de resolución ni de un estado de autocomplacencia y satisfacción ensimismadas, sino de crear una plataforma para el despliegue de la acción humana." Ese estado de autocomplacencia y ensimismamiento -Optimismo ilusorio- es más perjudicial, "disfuncional", ya que, en último término, puede llevar a la "imprevisión y la incapacidad para anticipar soluciones" y, por lo tanto, la "caída de la nube puede ser fatal".

Optimismo veraz

Un estudioso del tema que no puede faltar como referencia de autoridad en este trabajo es Martin E.P. Seligman. En su libro "Niños optimistas" pone el foco de atención en la educación a los niños. Hace una definición de lo que él llama Optimismo veraz. Así, el concepto de Optimismo lo relaciona con la veracidad y el realismo.

"El optimismo no consiste en repetirnos pensamientos felices a nosotros mismos. Los eslóganes vacíos de contenido, del tipo: "Soy una persona especial", "Caigo bien a la gente" y "Mi vida será cada vez mejor", puede que nos den ánimos por un momento, pero no nos ayudarán a lograr nuestros objetivos. El optimismo no consiste tampoco en culpar a los demás cuando las cosas van mal. Eludir la responsabilidad de los problemas no hace sino empeorarlos. El optimismo no consiste en negar o en evitar la tristeza o el enfado. Las emociones negativas forman parte de la riqueza de la vida, y normalmente son respuestas saludables que nos sirven de estímulo para entender o modificar aquello que nos molesta."

"El optimismo, pues, no es una panacea. El optimismo es simplemente una herramienta; pero una herramienta poderosa. En presencia de unos sólidos valores y de un espíritu de superación, es la herramienta que hace posibles tanto los logros individuales como la justicia social."

Enfoques psicológicos del optimismo

El neuropsiquiatra Boris Cyrulnik afirma que "nos desarrollamos en función de la superación de los miedos y los sufrimientos. La felicidad no es escapar de ellos, sino afrontarlos y superarlos."

El hombre es un ser llamado a la felicidad y destinado a experimentar el sufrimiento y el miedo. En mi opinión, la base psicológica de la creencia de que el hombre es optimista por naturaleza reside en la afirmación anterior, en que ese destino le hace desarrollarse. Además, hay otra base antropológica que ratifica esta idea: el hombre está genéticamente preparado para la supervivencia.

"Al fin y al cabo somos producto de un proceso evolutivo que comenzó con unos esforzados seres unicelulares que tuvieron que enfrentarse y sobrevivir en una atmósfera enrarecida y un medio hostil, la esperanza y el optimismo no son algo sobrevenido a la especie humana, ni una ilusión forjada por los aparatos de poder o las instituciones (la familia, el estado): responden, en realidad, a algo que llevamos incorporado en nuestro sistema para interactuar con el medio."

Pues bien, desde este presupuesto se puede deducir que, si una persona se relaciona, en algún momento de su existencia, consigo misma y con los demás desde patrones de pesimismo (falta de motivación por luchar, por superar las dificultades, sensación de incontrolabilidad de los acontecimientos), puede modificarlos voluntariamente hacia patrones optimistas, ya que su naturaleza le va a conducir a esa inercia.

La Psicoterapia cognitiva nos da abundantes pistas sobre cómo cambiar esquemas cognitivos de pensamiento de tal forma que podamos percibir nuestra realidad desde ángulos alternativos y, con ello, incidir en el cómo nos sentimos y cómo nos comportamos. Todo ello para lograr una mayor calidad en nuestra existencia. Esta psicoterapia defiende que el hombre puede cambiar, eliminar o sustituir sus mensajes irracionales no funcionales por otros más funcionales y puede asumir la responsabilidad de buscar sus propios éxitos mediante la recuperación de su "locus de control" interno y un estilo atribucional de los acontecimientos de su vida desde patrones más saludables y menos culpabilizadores.

Las Psicoterapias humanistas, por su parte, afirman que la persona tiene recursos para afrontar su propia vida porque es autoeficaz. En la descripción que hacen del hombre existe una profunda defensa de su llamada al Optimismo: "Los humanos no somos marionetas a merced de nuestro inconsciente ni de nuestro ambiente, sino que tenemos un gran potencial de cualidades humanas positivas y desarrollables y que, si ponemos las condiciones para ello, el ser humano es capaz de desarrollar su potencial y autodeterminarse."

Confían en la bondad innata del hombre, ¿Hay algún planteamiento más optimista que éste?

Por último, hay que destacar también el enfoque de la Psicoterapia sistémica. Ésta percibe los problemas como síntomas de disfuncionalidad dentro de un sistema de relaciones del individuo con su entorno inmediato y viceversa; eso hace que se confíe en la posibilidad de que dicha disfuncionalidad no se prolongue en el tiempo sino de que se pueda modificar si se modifican las secuencias de relación.

En muchas de estas psicoterapias se busca el cambio desde propuestas cognitivas y conductuales que implican una gran creatividad y sentido del humor, recurso excelente para afrontar algunas situaciones en la vida.

"Si se tiene un horizonte desde el que vivir, es posible, interiormente, relativizar el momento que se vive, especialmente si este es desagradable, fastidioso o doloroso. Y una de las maneras en que Frankl descubrió que se producía este mecanismo de toma de distancia era el humor. Pudo descubrir que el humor permite, desde un horizonte absoluto, relativizar lo relativo, para no verse engullido por la situación. El humor podía así, ser terapéutico porque permite enfrentarse a las situaciones difíciles que, de otro modo, paralizarían."

Optimismo y educación

"El optimismo y la esperanza -al igual que la impotencia y la desesperación- pueden aprenderse." Esta afirmación de D. Goleman es compartida por muchos autores. De hecho, el acto de educar es un acto optimista porque, sea cual sea el planteamiento de este, se educa para enriquecer, aportar, desarrollar al educando. Y, por ende, con el acto de educar el educador también se enriquece.

"Quien sienta repugnancia ante el optimismo, que deje la enseñanza y no pretenda pensar en qué consiste la educación. Porque educar es creer en la perfectibilidad humana, en la capacidad innata de aprender y en el deseo de saber qué la anima, en que hay cosas... que pueden ser sabidas y que merecen serlo, en que los hombres podemos mejorarnos unos a otros por medio del conocimiento." (Referencia de F. Savater en el libro de Dolores Avia y Carmelo Vázquez).

Así pues, los educadores -seamos padres/madres, profesorado, tutores- podemos acompañar el crecimiento de nuestros educandos en clave de Optimismo. Se trata de desarrollar en ellos los llamados factores de protección, es decir, estrategias y herramientas que puedan utilizar para vivir su madurez con autonomía y libertad.

Facilitarles desde su infancia el entrenamiento en amor y respeto hacia sí mismos y hacia los demás; una adecuada gestión de sentimientos; la puesta en práctica de habilidades de comunicación con los demás, enriquecedoras y empáticas; y una aceptación de límites, normas y responsabilidades como oportunidades de crecimiento, contribuyen a forjar en ellos modos de hacerse optimistas ante su vida.

Seligman dice que "Cuando enseñamos el optimismo a nuestro hijo, estamos enseñándole a conocerse a sí mismo, a ser curioso respecto a su teoría sobre sí mismo y sobre el mundo. Estamos enseñándole a adoptar una postura activa en su mundo y a configurar su propia vida, antes que a ser un receptor pasivo de lo que sucede a su alrededor. Mientras que en el pasado podía haber aceptado sus creencias e interpretaciones más calamitosas como hechos incuestionables, ahora es capaz de reflexionar atentamente sobre dichas creencias y de evaluar su veracidad. Ahora se halla equipado para perseverar frente a la adversidad y para esforzarse en superar sus problemas." Afirma que "la enseñanza del optimismo coincide con la enseñanza de la veracidad".

Lo expuesto anteriormente está lejos de la actitud de muchos padres de sobreprotección de los hijos ante los contratiempos de la vida, intentando pasar por encima o evitándoles los acontecimientos frustrantes. Boris Cyrulnik, citado anteriormente, afirma: "Si un niño ha conocido tanto la tristeza como el apoyo emocional, su cerebro estará abierto. Sabrá qué es la esperanza y estará armado para afrontar la vida."

Completando lo ya dicho, S. Biddulph, en "El secreto del niño feliz" plantea directamente cómo los padres pueden educar a sus hijos para hacerles felices, es decir, no para que todo les vaya bien en la vida, cosa que no está en el control de ninguno, sino para que tengan recursos de afrontamiento.

Como muestra, estas pautas

- Decirles las cosas de forma positiva, evitando los planteamientos en negativo.

- Cubrirles las necesidades que tengan tanto los materiales como las afectivas.

- Conversar con ellos no sólo hablándoles sino escuchándolos activamente.

- Ayudándoles a "sentirse cómodos" ante los sentimientos tanto placenteros como displacenteros.

- Utilizar un estilo educativo asertivo que combine la firmeza y el cariño al cincuenta por ciento. Biddulph habla de ser padres enérgicos frente a los agresivos y los pasivos.

Inteligencia Espiritual (IES)

La Inteligencia Espiritual (IES), ligada directamente a planteamientos logo-terapéuticos sobre el Sentido de Vida. Resume la percepción para transmitir con relación acerca del Optimismo. Una persona espiritualmente inteligente y que se formula a sí mismo preguntas sobre el significado de su existencia es una persona optimista.

"Una gran cantidad de información científica, pero aún no digerida, nos muestra que hay una tercera "I" (inteligencia). La imagen global de la inteligencia humana se puede completar con un análisis de nuestra inteligencia espiritual, o IES."

Esta inteligencia complementa a la Inteligencia intelectual o racional, "que usamos para resolver problemas lógicos o estratégicos", y a la Inteligencia Emocional que es la que "nos hace conscientes de los sentimientos propios y de los demás. Nos produce empatía, compasión, motivación y la capacidad de responder apropiadamente al dolor o al placer."

La IES es "la Inteligencia con que afrontamos y resolvemos problemas de significados y valores, la inteligencia con que podemos poner nuestros actos y nuestras vidas en un contexto más amplio, más rico y significativo, la inteligencia con que podemos determinar que un curso de acción o un camino vital es más valioso que otro."

La existencia de esta IES está siendo corroborada por muchos trabajos científicos de profesionales neurólogos, neuropsicólogos y antropólogos que estudian los procesos y las zonas neuronales, así como los campos eléctricos y magnéticos de oscilación en el cerebro y que hablan de la preparación fisiológica del cerebro humano para desarrollar la IES.

No sólo son los argumentos fisiológicos, sino también la búsqueda de sentido como motivación fundamental de nuestras vidas, de la que hablaba V. Frankl, la que convierte al hombre en la criatura espiritual que es.

"Cada persona "aspira a ejercer lo esencial y definidor de ella misma". Pues bien, en esta llamada particular a la plenitud consiste la vocación. "La vocación es la concreción para cada persona de la llamada a la plenitud".

La vocación, primariamente, es vocación a ser persona en plenitud."

Una persona de alta IES tiene:

- Capacidad de ser flexible (activa y espontáneamente adaptable).

- Alto nivel de conciencia de sí mismo.

- Capacidad de afrontar y usar el sufrimiento.

- Capacidad de afrontar y trascender el dolor.

- Cualidad de ser inspirado por visiones y valores.

- Reluctancia a causar daños innecesarios.

- Tendencia a ver las relaciones entre las cosas (ser holístico).

- Marcada tendencia a preguntar "¿Por qué?" o "¿Y si...?" y a pretender respuestas fundamentales.

- Ser lo que los psicólogos denominan "independiente de campo", es decir, poseer una facilidad para estar contra las convenciones.

Las características de una persona con elevada IES son las de alguien que mira la vida desde patrones optimistas, entendiendo como tales todo lo dicho hasta ahora. El objetivo último de este trabajo es reivindicar la naturaleza optimista del hombre, que no es más que su capacidad de supervivencia. Una supervivencia que llevamos marcada en los genes y que ponemos a prueba cada vez que la vida "nos estalla en la cara" y nos impone la necesidad de salir adelante ante las dificultades. Por eso todas las personas compartimos -en comunión con las demás- la llamada a ser optimistas como especie.

Cuando la vida nos da parte de su regalo en el sufrir o en las situaciones de frustración o dolor, el Optimismo hace que despertemos y nos volvamos a "poner las pilas", sea cual sea el resultado de nuestro esfuerzo.

El Optimismo también hace que todos aquellos que disfrutan de otra parte del regalo de la vida -la felicidad, la estabilidad, la serenidad- puedan escuchar la llamada del dolor de los demás, que es la suya propia, y pasar a "padecer con..." (en vez de compadecer, que es otra cosa). El optimismo nos sitúa en clave de solidaridad y de acompañamiento porque entendemos desde nuestra experiencia lo que los otros pueden llegar a sentir y sabemos que la búsqueda de la felicidad es posible. Al comienzo expresé la idea de que hay tantas concepciones del Optimismo como personas. Pues bien, mi concepto de optimismo es el siguiente: optimismo es supervivencia con dignidad; una dignidad basada en el respeto a uno mismo y a los demás y basada también en una forma de aceptar la vida afrontándola desde dentro con sus luces y sombras.

"Los que estuvimos en campos de concentración recordamos a los hombres que iban de barracón en barracón consolando a los demás, dándoles el último trozo de pan que les quedaba. Puede que fueran pocos en número, pero ofrecían pruebas suficientes de que al hombre se le puede arrebatar todo salvo una cosa: la última de las libertades humanas –la elección de la actitud personal ante un conjunto de circunstancias- para decidir su propio camino". (Referencia de un fragmento de "El hombre en busca de sentido" de V. Frankl). "No hay ninguna situación en la vida que realmente carezca de sentido. Esto significa que los aspectos aparentemente negativos de la existencia humana, y en especial esa tríada trágica en la que se incluyen dolor, culpa y muerte, pueden también llegar a transformarse en algo positivo cuando se afrontan con la postura y actitud correctas" (Referencia de un fragmento de "La presencia ignorada de Dios" de V. Frankl).

Ejercicio 2

Desarrollar la consciencia

Todo lo material (posesiones y bienes) tiene origen en lo inmaterial (pensamientos y emociones).

Es un ejercicio muy difícil: ¡disfrutar de la vida! Parece contradictorio, ¿verdad? Todos queremos disfrutar, todos buscamos placer, alegría, felicidad... pero somos los primeros en alejarnos de ella. ¿Pero cómo hacerlo? En realidad, siendo conscientes de cada cosa que realicemos en nuestro día a día. Si comes, sólo come, saborea cada bocado.

Si respiras, toma un respiro consciente, nota cómo el aire sale y entra a través de tus pulmones.

Al menos una vez al día elige una actividad habitual que realices (comer, descansar, nadar, pasear, ducharte, trabajar) y presta atención a los pequeños detalles.

Piensa qué está en tus manos para hacer esa actividad con placer, con gusto, con amor, con conciencia. Después anota esa actividad que has vivido a conciencia y añade la emoción o sensación que te ha producido realizarla de forma diferente.

Superación personal

Existen muchas y diversas aproximaciones a los temas que los autores y escuelas suelen agrupar bajo los nombres genéricos de desarrollo, crecimiento y superación personal.

Aquí partiremos de una concepción holística, lo más integral posible, que trate de abarcar las connotaciones globales -por expresarlo de alguna forma-, más comunes al hombre, sin importar su raza, credo, concepciones políticas, culturales y sociales, pero buscando algo así como un común denominador, que permita observar en sus miserias, angustias y esplendores, al ser humano, como pináculo de la creación.

El hombre ha sido concebido y creado para ser feliz, y su mandato vital, es éste.

Más que un cántico de alegría debería observarse un rostro sereno, imperturbable, un gozo profundo e inalterable, en los rostros de los hombres que deambulan sobre el planeta, desplegando su curiosidad insaciable, que lo transforma (al planeta), mediante el ejercicio de su inteligencia y laboriosidad, en un escenario más propicio, más amable, más prometedor, más abrigado, más seguro y delicioso, que cuando este, (el hombre) entró en escena "Nada de lo que se propongan les será esquivo"

Este tiene, por mandato inicial, que, para ser un mundo feliz, se nos dieron unas premisas, profundas, hermosas y conducentes: "Creced, multiplicaos y henchid la tierra", todo os lo doy, todo lo pongo bajo vuestros pies, dominad la tierra, sometedla, no se dijo claro está: contaminadla, agotadla, destruidla, acaparadla, sobre explotadla. Nuestros antepasados, las tribus ancestrales, sabían muy bien sobre éste legado y la obligación del hombre de conservar y mejorar ésta preciosa herencia para legarla a sus hijos, desarrollando nuevas y estupendas habilidades, con los descubrimientos e inventos que su ingenio les permitía ir plasmando: la interpretación adecuada: de los tiempos, los climas, las estaciones, las rutas migratorias de los animales que constituían la base de su sustento; el descubrimiento del fuego, la agricultura, la invención de la rueda, el lenguaje mismo, la confección de herramientas y prendas de calzar y vestir, duros trabajos, pero alegrías continuadas, incontables, como hoy, con cada nuevo amanecer y el disfrute de los numerosos y extraordinarios productos y servicios de la civilización.

Partamos, pues, de este mandato incrustado en los sueños, pensamientos e ilusiones de todo hombre, visible desde sus más tiernos años: ¡Ser feliz!

Las dificultades empiezan a surgir cuando aventuramos una definición de la felicidad. Pero si no sabemos qué clase de felicidad anhelamos, cómo podremos alcanzarla, aproximándonos a ella con decisión, con método, con estudio, con trabajo coherente, continuado, inteligente, con determinada dirección y énfasis.

Muchos soñamos con llegar a ser famosos, populares, influyentes, millonarios y con multitudes de seguidores.

Estos deseos podrían iluminar un gran objetivo que guíe nuestros planes de trabajo y acciones.

Una gran mayoría de personas está dispuesta a luchar y trabajar muy fuerte y de manera persistente, ordenada y secuencialmente, para alcanzar sus metas individuales (desarrollar una destreza, una habilidad; adquirir una serie de conocimientos, practicar un deporte o graduarse de una carrera profesional o técnica) o aún colectivas (logros sociales, comunitarios, de familia o de equipos).

Las instituciones educativas, centros de capacitación y entrenamiento, y las empresas en sus procesos de capacitación y entrenamiento, despliegan con "éxito", sus propuestas metodológicas y logran sacar a sus graduados y/o empleados, con un bagaje coherente y útil de conocimientos teóricos y algunas prácticas (cada vez más), que tienen significado para la vida laboral y la realización personal (justo este tema, tiene un alcance mucho más profundo y debe tratarse aparte, pero al tiempo, pues va ligado de forma íntima, con las emociones, los sentimientos, las aspiraciones, el sentido de logro, y podríamos decirlo, por qué no, con el alma misma del ser).

Hay pues un desarrollo social y colectivo a disposición de los individuos y las comunidades, impregnado de metodologías y pedagogías, muy valioso, que se despliega permanentemente y muestra su eficacia en el crecimiento y evolución de los pueblos y las personas, de manera sistemática, medible y que se va modificando, normalmente para bien, con los nuevos ciclos y la interacción dentro de las empresas, la competitividad, nacional e internacional, y las aspiraciones y propósitos sociales.

A esta dinámica, que admiro profundamente, habría, sin embargo, que hacerle algún tamizaje e incorporar algunas reflexiones sobre los resultados que se viene obteniendo, en el mediano y largo plazo, ya que ellos (los resultados), son en muchos casos y en aspectos fundamentales, no sólo un verdadero fiasco, sino terribles adefesios sociales, que ponen en riesgo incluso la viabilidad social de grupos, comunidades y naciones, lo cual evidencia que hay elementos, métodos, sistemas, desarrollos que están mal concebidos, mal relacionados, pésimamente coordinados y vamos, por tanto, de crisis en crisis, con grandes costos sociales y tremendo sufrimientos de los individuos.

¿Cómo es esto posible? Se desvela, que el desarrollo y crecimiento personal, es el resultado de interacciones muy complejas, que trascienden poderosamente los ámbitos locales y parroquiales, podríamos decir, y vamos obteniendo una diversidad de logros contradictorios y a veces, aberrantes, como las desigualdades entre los países, y en su interior, entre las comunidades, ciudades, regiones e individuos.

¿Cómo podemos categorizar el crecimiento y bienestar de personas y comunidades, como logros alcanzables y deseables, cuando a nuestro alrededor, hay hambre, desnutrición, discriminación, exclusión, violencia, despojo e ira profundas de parte y parte?

Pensemos de manera colateral, pero esencial, en las implicaciones del deterioro del medio ambiente y el "cruel" legado a nuestros hijos y nietos.

Desarrollos tecnológicos, científicos y sociales, de ensueño, casi milagrosos, esplendorosos, admirables, aparejados con la marginación, las hambrunas, la violencia, las pandemias y el avance incontenible de enfermedades, como el cáncer, la diabetes, el VIH, el estrés y los desequilibrios mentales, y el resurgimiento de otras al parecer ya superadas como la tuberculosis y las enfermedades respiratorias; con fenómenos sorprendentes como la obesidad, la hipernutrición y la desnutrición, y las adicciones a las drogas y el alcohol.

Pero no ahondaremos más por estos caminos, sino que es un llamado para poder invocar luego en la metodología que se propondrá esquemas de amplio espectro y que permitan al individuo concebir sus procesos en ámbitos más globales, sacándole, de su reducido círculo de bienestar personal, que a la postre: no puede ser más que un egoísmo exacerbado y equivocado, pues todos tenemos una misión global y con relación al otro, que es insoslayable y que en caso de omitirse, no estaríamos hablando de desarrollo y menos de bienestar, porque éstos, no pueden alcanzarse a costo de otros o ignorándolos.

Con estas pocas palabras vamos descubriendo que es imposible planificar nuestro crecimiento de manera sólo individual y en todo caso aislada del contexto y de la interacción con otros (el prójimo).

Empero, es imprescindible seguir adelante, y proponer esquemas de superación y crecimiento; no es propio del hombre y menos, de éste curso, tener una mentalidad, dolida, quejumbrosa, pesimista, que arruine, antes de empezar, los propósitos de esperanza, satisfacción y logro de metas, bondadosas, -eso sí-, maravillosas y contagiables, cual es el resultado que se deberá alcanzar de forma más armónica, porque ante todo, el ser humano, tiene en lo íntimo de su ser, plantada firmemente, una semilla de felicidad, y también, aún más, de esplendor y eternidad.

Etapa primera

Saber dónde estamos (punto de partida), es crucial para para poner nuestra brújula en marcha.

Hay unas preguntas que siempre han "atormentado" a casi todo hombre, por elemental que sea su raciocinio. Existimos otros seres que somos obsesivos sobre estas consideraciones y usamos buena parte de nuestro tiempo en estos asuntos, como esencia de vivencia, profunda, de nuestro quehacer y nuestra vida.

Así pues, nos vamos definiendo en función de lo que pensamos y hacemos.

Luego de hacer una aproximación al ¿Dónde estamos?, podemos enfocarnos al ¿A dónde queremos llegar?

Es fundamental establecer una línea de tiempo, que permita establecer etapas o niveles y dosificar así, nuestros esfuerzos. Miles de ejemplos se nos ocurren:

Pasado---------------Hoy--------------Meta (2 años)

¿Cómo armamos nuestro objetivo?

Por ejemplo, quieres representar a tu país en unas olimpiadas, corriendo los 100 metros. Para tal propósito debes correr esa distancia en 10,5" segundos, porque más de eso te impedirá ser seleccionado, pero hoy lo haces en 14";

Hoy 100 m en 14".

En 6 meses:100 m en 13".

En 1 año: 100 m en 12".

En 2 años: 100 m en 10,5".

En esta línea de tiempo es necesario, escoger, seguramente, períodos más cortos como un mes, por ejemplo, y medir los factores de ganancia por cantidad de esfuerzo.

Muy posiblemente el avance, disminución de tiempo, será mayor al principio y luego será más y más exiguo.

Así se puede planificar a "groso modo", sobre una línea de tiempo, el desarrollo de nuestro propósito, frente a los esfuerzos aplicados.

Ahora bien ¿Por qué quieres hacer o alcanzar tal cosa o meta?

1) Serás más feliz; ¿Qué es la felicidad para ti?

Sí / No

2) Ganarás mucho dinero;

Sí / No

3) Serás muy famoso;

Sí / No

4) Tienes las condiciones físicas y la edad apropiadas;

Sí / No

5) Tu familia tiene una larga tradición de atletas;

Sí / No

6) ¿Tienes el tiempo, los recursos y apoyos necesarios?

Sí / No

7) ¿Cómo harás con lo que hoy te ocupa? por ejemplo, tu trabajo, el estudio, etc.

Es muy importante responder estas preguntas, no sólo con un sí o un no, sino, también, ampliar las respuestas, para ir desnudando las fortalezas y debilidades del proyecto y de nosotros mismos frente a él. Para ello hemos desarrollado un cuestionario más desagregado y detallado; es bueno decir que éste curso, para efectos prácticos, constituye una guía interesante que conduce y entrega resultados a quien se aplique de manera concienzuda y persistente, como se ha comprobado con muchos casos que a lo largo de nuestra experiencia hemos conocido y trabajado; empero sabemos también, de muchas personas que requieren de un acompañamiento más específico, dada la complejidad de los temas, las circunstancias y personalidades. En el cuestionario anterior hay preguntas que descalifican nuestras pretensiones, como: ¿Serás más feliz?; si ves que el esfuerzo te supera, fallas en la continuidad, tu familia y tú mismo, según vislumbras, no serán más auténticamente felices (y la búsqueda de la felicidad es esencial al hombre), entonces el proyecto se desmoronara. Si crees no tener las condiciones físicas o ya estás pasado de edad; entonces debes buscar otro propósito, o quizás otro deporte.

Más que poner obstáculos, es medir de qué estamos hechos y hacia dónde vamos con seguridad y decisión. Hay personas, muchas, por fortuna, que se "crecen" ante las dificultades y a medida que éstas se incrementan, van desarrollando su potencial, como se desarrollan los músculos, la resistencia, la capacidad pulmonar, las condiciones para afrontar y resolver problemas; son sujetos, por así decirlo, destinados a alcanzar sus metas, y aunque "el destino se oponga", es más, entre más se oponga, más tenaces se tornan y más se acercan a sus objetivos; esos, no necesitan de éste curso; son incontrastables y los obstáculos, las etapas de su crecimiento. Estos irán adelante, pase lo que pase; a veces olvidan preguntar si lo por obtener les dará más felicidad a ellos o sus grupos de interés. Tal es el caso de los dictadores, los dueños de los grupos económicos, los reyes y presidentes de las naciones, los gerentes y ceos de las compañías, como casos más conocidos y documentados, y los más comunes: los tutores, maestros y los padres de familia, que llevan a sus hijos y cónyuges, por caminos tortuosos y a veces, enfermizos, dañando gravemente los círculos y sus descendientes presentes y futuros, por la obsesión en sus metas y ambiciones, las cuales son trazadas y sostenidas "contra viento y marea", sin importar el costo.

Por ello hacemos énfasis: si no vas camino a la felicidad, si no estás siendo más bondadoso y amable; si no participas de tus logros, a otros necesitados de ellos; si no estarías orgulloso de que se escribiera tu biografía con "pelos y señales", entonces, seguramente, son tus ambiciones, personales, familiares o de grupo, las que te impulsan, y en el sendero estarás dañando a muchos. Nunca serás feliz: tendrás sucesos y acciones bochornosas, de las cuales te avergonzarías si se publicasen; vivirás con "cosas ocultas", y si no te has hecho cínico, tendrás tal cantidad de remordimientos, que tu vida será penosa.

El hombre recto y correcto, va, por decirlo de algún modo, desnudo ante los demás; con sus yerros y equívocos, con sus debilidades y caídas, disponibles para ser leídas y comentadas; no tiene nada que esconder: es un ser transparente, aunque se haya equivocado muchas veces, como siempre suele suceder con todos nosotros; y esto, porque habrá reconocido y pedido perdón, y resarcido por los daños infringidos. También tendrá propósitos, serios y firmes de modificar su conducta y procedimientos; procurará con todas sus fuerzas, no volver a caer, no volver a hacer daño; tendrá un código interno, que habrá hecho su forma de vivir la vida: no matar, no robar, no odiar, no envidiar, no despreciar, no creerse superior, no maltratar, compartir de lo suyo, buscar -afanosamente- la justicia y la equidad, no mentir, etc. Si quieres la felicidad, has de saber que ésta no se alcanza de manera individual y menos, mucho menos, a costa del sufrimiento y la pena de otros. Y si no buscas la felicidad, entonces, ¿Qué buscas? Allá al final de todos tus logros, serás un ser desencantado, frustrado; creerás que has sido engañado y que la sociedad te ha "vendido" ilusiones y equívocos; como un hombre al que la sociedad en cabeza de sus padres, familiares, amigos y tutores (como seguro te estará sucediendo hoy día, a ti... sí... a ti mismo, también, como a tus hermanos y muchos de tus amigos), le ha dicho: estudia, ve al colegio, luego a la universidad y luego haz una maestría, así podrás ganar buen dinero, ser importante; conseguirás una bella y buena esposa y tendrás lindos hijos; entonces alcanzarás la felicidad. Y de pronto, recorriendo este itinerario, cuando estaba terminando su maestría, se sintió enfermo, fue a la clínica y le descubrieron un cáncer y dieron seis meses de vida: ¡qué desconsuelo le acometió!, ¡no podía entender!; ¡había hecho lo que le habían dicho!; ¡Lo habían engañado, terriblemente! había desperdiciado sus pocos años de vida, en pos de una quimera y había puesto su felicidad en un futuro que no se cumpliría; ¡Se había afanado inútilmente!, y ¡No había vivido!; ¡Lo había aplazado! Estaba descubriendo, dolorosamente, "de golpe y porrazo", que la felicidad no está en el mañana, ¡Que nunca, nunca, el mañana existe!, que sólo es una remota e incierta posibilidad, ¡Que millones mueren cada noche y día!; que sólo tenemos este hoy, es más, "este ahora"; que la felicidad está aquí; que es esencial al ser humano; que lo único que cuenta es el tiempo y no lo podemos comprar ni recuperar; que todo lo alcanzado, material y posicional, -e incluso el conocimiento de cada uno- se disolverá en otro tipo de energía; que es preciso, disfrutar del viento, de los abrazos, de la luz, del atardecer, del amanecer, del día y de la noche; de los aromas y la música; de los conciertos y la buena conversación, de la risa, -pero también llorar- del paisaje, del esplendor del cielo; de la maravillosa lluvia, del calor del sol.

Aquí, en este itinerario, está plasmada la felicidad; el gozo espera un poco más allá y deviene de la plenitud, de la exultación, de la profunda emoción de la expectativa sin límite ni tamaño, pero creciente, desbordante, y en este tránsito, la paz con entre sombras, satisfacciones y llanto; de la luz y las sombras, nace la realización, que no es otra cosa que el desvanecimiento, la marcha, por expresarlo así, hacia lo ínfimo, casi a desaparecer, la búsqueda de la humildad, del descendimiento -conviene que disminuya yo para que crezca él- (¡Mi amado!), hasta que siendo nada, me haga uno con él.

Etapa segunda

Hemos descubierto (muchos lo han dicho ya de variadas maneras y formas) esta grande y al tiempo terrible temporalidad del ser, en la cual podemos realizar nuestros anhelos más profundos, que enmarca nuestros pensamientos, sentimientos y acciones. He conocido personas muy enfermas, con pasmosas precariedades, y que, sin embargo, a pesar de mi asombro, confiesan y sustentan que son felices; es como si un soplo de inmortalidad les cubriera, incluso, en medio del sufrimiento y el llanto.

Esto me ha intrigado, desvelándome, robando mi sueño: ¿Cómo es posible? me pregunto, con admiración, que, en medio de la angustia y el dolor, se puedan expresar la paz y la felicidad.

Esta plática, nos pone de frente a condiciones, que son previas, pero que también deben acompañar, todo el tiempo, nuestros planes de desarrollo y crecimiento, para que no nos equivoquemos y quizá, ya al final de la jornada, en materia grave y esencial.

En todas las etapas debes preguntarte

    1) ¿Voy (vamos) bien?

    2) ¿Avanzo según lo previsto?

    3) ¿El tiempo, es el acordado?

    4) ¿El esfuerzo es el calculado?

    5) ¿Los recursos vienen rindiendo según el plan?

    6) ¿Los equipos humanos, incluidos, si los hubiere, responden según lo analizado?

    7) ¿Lo estamos disfrutando (alegría-felicidad) a pesar de las dificultades e imprevistos?

    8) ¿Hay afectaciones o sufrimiento de personas o grupos?

Por ejemplo, al pretender hacer tu carrera ¿Debes sacrificar tiempo valioso frente a tus hijos y esposa? Debes preguntar y preguntar a tu esposa si vale la pena, quizá, cuando tus hijos crezcan sin todos los cuidados y acompañamientos que debiste darles -y no lo hiciste por estar estudiando-, y tomen decisiones erradas, tal vez de graves consecuencias, sientas remordimientos, pero será, de pronto, demasiado tarde. Si las respuestas a las preguntas anteriores muestran un desbalance preocupante, deberías replantear tus metas o el tiempo considerado, o la oportunidad de este. La infelicidad no debería acompañar ningún proyecto. Está bien la presión, unos grados de estrés, cierta cantidad de incomodidades, algunas estrecheces económicas; trasnochos y afanes; pero el sufrimiento y el dolor, deben de tener, medición y gradación permanente, pues si afectas a otros (destruyendo o aplazando excesivamente, su felicidad), tus triunfos, serán inútiles también nuestros hijos, allegados y amigos, se mueren... se van... se frustran... se cansan... nos abandonan, en fin, es esencial disfrutar la vida, el hoy y ahora; no tenemos más. ¿Cuántos mueren en Siria cada día y cuántos murieron por el gas tóxico y por los bombardeos?

Esta es la realidad de la vida y no es mala, per se; no la juzgues, no reproches; no te indignes; no veas en toda una injusticia y menos, una tragedia; sólo ayuda y vive un tiempo (siempre el tiempo) y llegarán tu turno y el mío y, tal vez, no será malo, será otro tiempo y otra experiencia, tiempo de resultados; de ver si realmente aprendiste y si lo que aprendiste lo pusiste en acción.

1) ¿Ayudas a otros cada vez que te lo piden?

2) ¿Ayudas sin que te lo pidan?; por ejemplo ¿Visitas a los enfermos, a los presos, a los que han perdido sus empleos? ¿O más bien los esquivas cuando se cruzan en tus caminos?, ¿Devuelves sus llamadas y/o correos, y contestas sus peticiones?

3) ¿Compartes alguna porción de lo que recibes con los necesitados?, ¿Con los pobres vergonzantes (quienes, necesitando, no piden)? ¿Cada cuánto?

4) ¿Te vinculas con obras de caridad?

5) Si lo haces, ¿Lo haces público?; ¡Os aseguro: ya tienen su recompensa! Que tu mano derecha no sepa lo que hace tu izquierda.

Recuerda: Es difícil ser feliz cuando hay angustia a tu alrededor.

Etapa tercera

En esta fase, viene, un poco más fuerte y disciplinado, el uso de una metodología que apunte al logro de proyectos y dentro de ellos objetivos de corto y mediano plazo.

Un chico que conocí a través de sus libros y me impresionó mucho, cuando llegó a sus 16 años, empezó la búsqueda consciente de qué iba a ser, y, en consecuencia, hacer.

Él, al influjo y ejemplo de su papá, había estudiado la primaria y la escuela vocacional y al tiempo había probado y practicado una gran variedad de deportes, para los que su buen físico, le brindaba oportunidades, y le permitía, mediante un entrenamiento metódico, continuado e inteligente, tener un desempeño sobresaliente, y poder aspirar a desarrollar una actividad profesional que le permitiese ganarse la vida, de manera interesante y gratificante. Esto realmente, fue dejando de tener peso específico, dadas sus condiciones físicas excepcionales y el buen agrado que sentía por varias de las actividades en que era sobresaliente. Ahora bien, descubrió que en ninguna de ellas iba a ganarse la vida, sino que deseaba ser un profesional, en alguna de las ramas de la ciencia y no sabía en cual o en qué sus habilidades de conocimiento, querencias y gustos le brindarían más y mejores posibilidades.

En este camino, y durante dos años, hasta los 18 años, aplicado a la búsqueda de opciones, sentía otro llamado potente, en su interior, que le hacía pensar en Dios y buscarlo con ansias. Pudo, después de un tiempo, conciliar sus opciones con este fuerte llamado y descubrió que estaba destinado a, siendo profesional, ocupar un importante y amplio espacio de su vida. Todas sus acciones estarían enmarcadas en un código de bien y buen hacer y enfocado en el bienestar y ayuda a los demás. Tampoco era demasiado importante la religión a la cual pertenecer, pero decidió continuar en la de sus padres, a la luz del precioso ejemplo que había recibido de ellos.

A esto llamo yo: tener una claridad meridiana de nuestro propósito en la vida. Sin importar lo que hagas, siempre harás el bien; este es el camino de la felicidad, tendrás larga vida y te irá bien, gozarás de los frutos de tu trabajo, del amor y compañía de los tuyos y tus vecinos; las aguas caudalosas no te alcanzarán.

A estas alturas, ¿Tienes una claridad aceptable?

¿Sabes lo que debes hacer?, ¿Cuándo hacerlo?, ¿Con qué intensidad?

¿Tienes un buen equipo a tu lado?, ¿Es confiable?, ¿Tienes contratados los recursos necesarios?

Si estas respuestas son positivas, vas por buen camino; confía en tus fuerzas y las de los coequiperos: adelante, ¡Buen viento y buena mar! Ánimo, no desfallezcas; lucha con todas tus fuerzas; el éxito, no podrá esquivarte por mucho tiempo; las dificultades te harán crecer; saborea el camino y bendice los escollos; ellos harán que tu triunfo sea memorable; serás un ejemplo para tus hijos y las generaciones que te sucederán.

Etapa cuarta

Dentro de una estructura normal de planear nuestro crecimiento, son fundamentales, las premisas, hasta ahora mencionadas, que deben ser desagregadas para darles contexto y alcance:

1) Buscar la felicidad, con los demás (esposa, hijos, o padres, hermanos, o amigos y grupo familiar, o bien comunidad, etc.)

2) Aferrarse fuertemente a un código de valores donde imperen: la bondad, la caridad, la cordialidad, la ayuda mutua, el buen consejo, el compartir, el respeto, la confianza, y otros que se consideren intrínsecos e irrenunciables al grupo o comunidad respectiva.

3) Sustentarse en los principios de vida que se han recibido de los mayores, los estamentos educativos y, sobre todo, la Iglesia: No robar, No matar, No violar, No esclavizar, No violentar, No inducir a otros al crimen, No consumir droga (sustancias sicoactivas y que generan dependencia) ni comerciar con ella; No pertenecer a pandillas, No violar la ley; No asociarse ni comerciar con grupos violentos, agresivos, depravados, y/o al margen de la ley.

4) Es también, muy importante adoptar sanos hábitos de vida, como el ejercicio físico y mental, cada semana, al menos unas tres veces, hasta tonificar el cuerpo, sin excederse.

5) Vigilar celosamente, cada día los componentes de nuestra dieta. Creámoslo o no, tenemos una

obligación sagrada con nuestro cuerpo, y debe ser compromiso, el alimentarlo sanamente, consumiendo en lo posible, alimentos orgánicos, moderadamente, sin excesos: mantener nuestro peso y talla, regulados, normales, sin exageraciones. Estos y los elementos anteriores son grandes distractores que nos roban y consumen altas dosis de energía y distraen de nuestros propósitos fundamentales; es por ello preciso, hacer las paces con nuestro organismo y mente, y cumplir fielmente los deberes para con nuestros familiares, amigos y el trabajo; ahorraremos tiempo, dinero y esfuerzos, así como estrés e incomodidades, y -seguramente, enfermedades y disfunciones-, si lo hacemos así, de una vez por todas y siempre. Son hábitos saludables y que dejan disponible nuestras capacidades y fuerzas emocional, mental y física.

Tenemos asegurado más del 50% del éxito en nuestros propósitos, proyectos o planes, como los quieras llamar.

Vas caminando en la felicidad y si tu meta trascendental es ella, pues la tienes, ya estás ahí, sólo continua, lo demás se irá dando solo.

Planes de Vida y de Carrera

El Plan de Vida, puede o no contener un Plan de Carrera, ya que éste es cómo definir y detallar aquello a lo que nos dedicaremos, la forma como nos ganaremos la vida y/o disfrutaremos de ella.

El Plan de Vida debería contener los elementos esenciales que nos definan y guíen a lo largo de los años; en cambio, podríamos tener con el pasar del tiempo, uno o más Planes de Carrera.

Si dentro del Plan de Vida se contempla vincularse activamente con el apostolado de la Iglesia a la cual se pertenece, debe hacerse la separación del tiempo, de manera cuidadosa, para atender a esta necesidad espiritual, y quizá, como sucede en muchos casos, separase los espacios para las misiones a que se nos envíe, que normalmente son en otros países y pueden durar uno o dos meses. En otros casos contempla también los hijos, y el desplazamiento a otros sitios.

Un Plan de Vida debería, en lo posible, considerar las opciones de migrar a otros países o lugares de la geografía nacional.

Y todo esto asentado sobre una línea de tiempo en la cual se especifiquen los detalles mencionados, como presupuestos (préstamos, ayudas -becas- o financiaciones de la familia, etc.) y otros recursos (mis padres se harán cargo de mis hijos, los siguientes 6 meses).

Un Plan de Carrera, hace énfasis sobre la profesión, actividades y habilidades para luego ganarnos la vida; podría ser incluso, montar un negocio, industria o comercio; asociarnos, con terceros o dentro de la familia. Si bien éste es esencial, podría cambiar, modificarse o complementarse. En cambio, el plan de vida es más estable en el tiempo.

Muchas cosas podrían agregarse, pero bástenos, por ahora, esta muestra orgánica de preceptos y acciones para iniciar nuestro proceso de desarrollo.

Ejercicio 3

Motivación

1) Trata de recordar una etapa en tu vida en la que has sido feliz o te has sentido realmente motivado. O puede que te acuerdes de 2 o 3, apúntalas.

2) Después describe con el mayor detalle posible todo lo que hacías en esa época de tu vida: dónde vivías, con quién, con quién te relacionabas, cómo eran tus días desde que te levantabas hasta que te acostabas.

3) Si tienes más épocas así, haz lo mismo con esos otros momentos. Trata de ser lo más detallista posible en cuanto a las acciones por pequeñas que fueran: ir a comprar a ese supermercado, el paseo a tal hora, la lectura de tal libro.

4) Y, por último: saca conclusiones. ¿Qué es lo que más te motivaba de aquella etapa o etapas de tu vida? ¿Qué había en ella que no tienes en tu vida ahora? ¿Qué es realmente importante para ti para ser feliz?

5) La parte final: Aplica esas pequeñas acciones concretas a tu vida actual, qué puedes cambiar hoy con respecto a esa época feliz de tu vida para sentirte un poquito más a gusto en tu vida actual.

Personas tóxicas

El término de personas tóxicas se ha puesto de moda últimamente a partir de los libros del psicólogo argentino Bernardo Stemateas con su betseller "Gente tóxica", pero en psicología ya se hablaba de desórdenes de personalidad. En realidad, no quiere decir que estas personas sean tóxicas, sino que adoptan actitudes tóxicas con los que les rodean. También las nuevas corrientes usan el término vampiros energéticos, ya que alegan que estas personas actúan así para absorber la energía de sus víctimas. Básicamente necesitan echar toda su toxicidad en otros para descargar su malestar, haciendo que el otro acabe sintiéndose mal.

Y en parte tienen razón. He podido comprobar cómo estas personas parecen acercarse a gente que entra en su juego, y estas víctimas parecen acabar decaídas y sin ganas de nada. Tener una de estas personas a tu lado puede hacerte hasta enfermar (en el peor de los casos). He conocido muchas personas que tras estar años al lado de gente así han mejorado su salud a raíz de cortar todo vínculo con estas, o alejarse lo máximo posible de ellas.

También hay que decir que estas personas no actúan así por casualidad. Nadie es de tal forma porque sí. Seguramente estas personas tuvieron unas vivencias que les hicieron enfrentar sus circunstancias en la forma que ellos mejor creían. Por ejemplo, una persona que podía ser castigada si decía la verdad aprendió que mintiendo podía agradar a todo el mundo y se veía libre de castigo.

Y otra que desde que era niña conseguía todo tipo de caprichos usando la manipulación aprendió a manipular para sobrevivir.

Pero esto no quiere decir que tengamos que aguantar estos comportamientos, solo comprender que no actúan por maldad, sino como una forma que aprendieron para poder sobrevivir.

Cómo saber si estás ante una persona tóxica

Es muy fácil identificar a una persona tóxica. Básicamente tienes que hacerte estas preguntas.

¿Te sientes mal cuando estás a su lado y aliviada cuando desaparece?

¿Cuándo aparece por tu lado siente ganas de huir a donde no esté?

¿Acabas sin fuerzas después de pasar tiempo con esta persona cuando antes de encontrártela estabas alegre y con energía?

¿No eres la única persona que parece huir de ella?

¿Conoces a más gente que huya de ella o no la soporte?

¿Estar con esa persona saca lo peor de ti a pesar de que normalmente eres una persona cabal y normal?

Si la respuesta a alguna o varias de estas preguntas es SÍ, entonces estás ante una persona tóxica.

Tipos de personas tóxicas

Aunque hay diferentes perfiles de personas tóxicas todas coinciden en una cosa: necesitan absorber la energía moral de otras personas.

Unos lo harán con la violencia, otros con la descalificación, otros con la culpa, pero todos te intentarán absorber tu energía emocional. También hay que tener en cuenta que una misma persona puede tener varios perfiles.

Por ejemplo, una persona puede usar el chantaje para que su hijo vaya a verla, y si no le funciona, ir llamando a todos sus familiares e ir haciéndose la víctima diciendo que su hijo es muy malo porque no viene a verla. O un violento puede usar la descalificación y luego decirte que no era para tanto.

El interesado

Es la típica persona que sólo se te acerca para pedirte favores, pero cuando necesitas algo de él/ella se escaquea o pone algún tipo de excusas. Es posible que te regale cosas o te haga algún favor y al rato te pida algo a cambio, ya que no te hacía el favor por gratitud o por el placer de ayudar, sino por conseguir algo. Estas personas aprendieron en la vida que para obtener tienes que dar, así que sólo dan si consiguen algo a cambio. Se arrimará a cualquiera que tenga dinero para que le invite, a cualquiera que tenga algún tipo de privilegio: ser famoso, tener entradas gratis para el cine, tener coche, cualquier cosa será buena mientras pueda sacar provecho.

¿Cómo tratar con el interesado? Muy fácil, si te ofrece algún favor o te da algo intenta negarte a recibirlo y en caso de que lo recibieras, si te pide algo a cambio dile que no puedes ayudarle. Seguramente se enfadará y te dirá que encima que te ha hecho tal favor o te ha dado tal cosa, que con lo que ha hecho por ti. Te hará chantaje emocional y te hará sentir culpable, pero no caigas. Hazle entender que no te gusta la gente que hace las cosas por interés, que cuando se hace un favor ha de hacerse sin esperar algo a cambio o mejor no hacerlo, que si esperaba algo de ti que no puedes darle no es culpa tuya.

El chismoso

Es el típico/a que sólo te llama o se te acerca para enterarse de cada detalle de tu vida. Te preguntará a qué te dedicas, cuánto ganas, cuántas veces vas al baño, cómo es tu novio/a en la cama, cada detalle será poco para él/ella. Aunque este perfil es más característico de mujeres también hay muchos hombres con esta actitud. Ten en cuenta que vivimos en una sociedad que promueve el chisme. Lo peor de todo es que en cuanto termine de hablar contigo irá contando todos los detalles de tu vida a cada uno que se encuentre e inventará otros sobre ti, y cuando descubras por otro lo que ha dicho de ti y vayas a pedirle explicaciones, te dirá que no quiso decir eso, que lo mal interpretaste. Todo para quedar como un santo y dejarte a ti como el malo.

¿Cómo tratar con los chismosos? Cuando te pregunten sobre tu vida contesta con respuestas poco concretas. Por ejemplo, si te pregunta ¿Cuánto gana tu marido en el nuevo trabajo? contesta que lo justo para vivir, o lo justo para vivir bien. Es posible que te pregunte más y más hasta conseguir algo concreto. Tal vez te conteste ya, pero ¿Cuánto es lo justo para vivir? Tú podrías contestarle: pues, lo justo para vivir. También puedes decirle que eso te parece un poco indiscreto y prefieres no contestar ese tipo de preguntas. Sigue en tus trece, aunque te intente manipular con frases como "Venga, pero si no pasa nada, si es algo normal." Evita contar detalles de tu vida privada a personas que tengan contacto con ella y sean fáciles de manipular, ya que estos personajes viven del cotilleo e intentarán por todos los medios sacar información de donde sea.

A veces pueden llegar (lo más seguro) hasta el límite de inventarse cosas sobre ti, sobre todo cosas que perjudiquen tu imagen y creen conflictos en tu familia (como ir diciendo que cree que eres infiel a tu pareja, que le ha parecido verte con otro/a en un centro comercial, etc.), en ese caso corta toda comunicación con ella, ya que pedirle explicaciones no servirá de nada. Se exculpará y dirá que ella no dijo nada.

El alborotador

Es como el chismoso con la diferencia de que usa el chisme para enfrentar a unos con otros. Por ejemplo, la chica del grupo de amigas que se dedica a hablar mal a unas a espalda de las otras e incluso se inventa chismes para que haya enfrentamientos y malentendidos. Usa esto porque es una forma de crear conflicto y violencia.

¿Cómo tratar con el alborotador? Aplicar lo mismo que con el chismoso.

El quejoso

Es una persona que sólo se acerca a otros para quejarse, suele ir a por personas alegres que parecen estar bien, pues necesita personas alegres y sanas a las que volver amargadas y tristes echándoles encima toda su negatividad. Suelen hablar mucho de sí mismas. Puede que si le cuentas algún problema tuyo te corten rápidamente para empezar a decirte que sus problemas son mucho peores. Aunque estas personas se quejan mucho, a la hora de proponerles una solución se niegan con excusas como "Claro, es que desde fuera se ve tan fácil.", "Qué fácil es hablar desde fuera", "No es tan fácil dejarlo, es el padre de mi hijo", pero luego se siguen quejando de que el marido le es infiel o pasa de ella. Creen que son los que más sufren, que toda la mala suerte está destinada a ellos, que no hay nadie que sufra más en la vida que ellos. Se ven como víctimas de verdugos sin corazón o de un mundo cruel. Echan la culpa siempre afuera: al gobierno, a su pareja, a sus hijos a la mala suerte, pero nunca asumen su responsabilidad. Se pueden pasar horas y horas lamentándose por teléfono haciéndote perder gran parte de tu valioso tiempo y normalmente cuando acaban de hablar contigo puedes notar cómo te sientes cansado y sin energía, como si te hubieran absorbido toda tu fuerza vital.

¿Cómo tratar con los quejicas o víctimas? Muy fácil, en cuanto te vuelvan a llamar para contarte sus penas les dices que no te hablen siempre de miserias y que, si te llaman para hablar de otra cosa, bien, pero si no, le dices que mejor cortar la conversación. También puedes cambiar de tema y si siguen contándote sus penas les dices que ahora no tienes tiempo y que tienes cosas que hacer, que ya hablaréis en otro momento.

El agresivo

Esta persona suele ser un hombre, aunque también hay mujeres, pero recordemos que la violencia de las mujeres suele ser más sutil, usando la manipulación, mientras que la del hombre es más visible, ya que va directo a la víctima. Suele ser un jefe o un padre autoritario. Una figura de autoridad que usa su posición para amedrentar a los demás. Empieza usando el grito y el insulto para asustar a sus víctimas y someterlas a su voluntad, y si no funciona puede recurrir a la violencia física en algunas ocasiones. Si no haces lo que él dice no dudará en usar todo tipo de insultos (siempre gritando) para desvalorizarte y asustarte. Puede ser muy cambiante y atacarte cuando menos te lo esperas. En un momento puede estar tan bien contigo y en el siguiente segundo decirte cosas inimaginables. A menudo son personas que en su infancia fueron desvalorizadas y no fueron ni escuchadas, por lo que ahora aprovechan su posición para imponer la autoridad (que no son capaces de ejercer) de mala manera. Sus frases típicas son "Yo te quiero mucho, pero es que tú me pones así", "Ni no fueras o hicieras esto no me pondría así", "Perdóname que no sé lo que hago, te prometo que no lo vuelvo a hacer". Pueden decirte todo tipo de barbaridades y cuando ya te ven herido, arrepentirse y pedirte perdón prometiéndote que no lo volverán a hacer. Pero es mentira, lo hacen porque en el fondo saben que si siguen así cualquier persona cuerda se alejará de su lado tarde o temprano. Necesitan que entres en su juego ¿Cómo? Muy fácil. A menudo te dicen cosas que te van a hacer ponerte furioso para que te enfades y saques lo peor de ti, para luego decirte que mira cómo te has puesto, que no es para que te pongas así y tener excusas para poder gritarte. Son personas que necesitan vivir situaciones de discusión y conflicto cada día, mientras ellos se alimentan de la energía de su víctima. Si por ejemplo tienes un padre agresivo y sabe que te molesta que digan que tu novio no trabaja, saldrá con frases como "Bueno, cuándo va a encontrar trabajo tu novio, que ya es hora eh", para que saltes y comience la discusión.

También pueden ser jefes que hacen cosas tan retorcidas como pedirte un trabajo sin darte pautas concretas, omitiendo algún detalle para que lo hagas mal y luego tengan excusas para poder gritarte y recordarte lo "inútil" que eres.

¿Cómo tratar con violentos? Si es una persona que viene a atacarte con frases hirientes ignórale, contéstale con respuestas breves y que te vea tranquilo. No hay nada que moleste más a un violento que las personas tranquilas que no se ofenden por nada. Tenía un amigo que trabajaba de camarero en un bar, y de repente comenzó a frecuentar el bar una persona que iba a buscar pelea y conflicto. A mi amigo le soltaba frases hirientes, pero él siempre fue muy tranquilo y supo lidiar con gente difícil. Al poco tiempo volvió y le dijo a mi amigo que era un santo porque le decía de todo y ni se movía, que venía a buscar "movida" y no la conseguía, así que se largaba para no volver. Jamás volvió.

Si es un jefe que te manda hacer trabajos sin detalles concretos para que los hagas mal y te insulta, no lo pienses más y dile "con buenas palabras" que si lo hiciste mal no fue culpa tuya, que te tenía que haber indicado bien las pautas. También debes advertirle que eso es mobbing (acoso laboral) y que si sigue así le denunciarás. Puedes hablar con alguna asociación de trabajadores o alguien que atienda a los trabajadores en tu empresa (si lo hay). Habla con tus compañeros y poneos de acuerdo en pararle los pies si sigue así. Puede que hoy seas tú, pero mañana podría ser otro. Recuerda que el violento se alimenta del miedo de sus víctimas.

Otro consejo es aislarse de estas personas: irse del sitio donde ella está, evadirla diplomáticamente. Si por ejemplo un jefe autoritario te invita a tomar un café contéstale que no puedes, aunque sea mentira. Paradójicamente el violento necesita de la compañía de otros, ya que necesita personas a las que echar toda su violencia, así que cuanto más note que la gente huye de él más se enfadará (en el fondo sabe que su comportamiento provoca la huida masiva de los que le rodean). Todos los seres vivos tendemos ir hacia lo que da placer y huir de lo que nos hace sufrir, por ello te recomiendo alejarte lo máximo posible de estas personas, debido a que es obvio que estas personas nos hacen sentir mal.

El descalificador

Para esta persona todo lo que hacen los demás está mal. Eso sí, lo que hacen ellos siempre es perfecto. Da igual lo mal que lo hagan, nunca lo reconocerán, y si alguien tiene la indecencia de reconocer que ha hecho algo mal, se puede liar una buena. Muchos violentos suelen ser descalificadores, por eso no es de extrañar que terminen recurriendo al insulto y los gritos con la frase de ¿Quién te crees que eres tú para decirme si lo hago bien o mal? No te molestes, nunca reconocerán sus errores. Te sorprenderá la facilidad que tienen para ver los errores de los demás, pero nunca los suyos. Estas personas tienen muy baja autoestima por lo que necesitan desvalorizar a los demás y no reconocer sus errores para poder quedar por encima. Es posible que en su infancia hubieran tenido padres que les desvalorizarán continua e inconscientemente repiten esos con sus hijos / amigos / empleados. También son personas que siempre están criticando lo que hacen otros, siempre te están diciendo lo que haces mal.

¿Cómo tratar al descalificador? Cuando te insulte, te humille o sólo hable de lo mal que haces todo, recuerda que todo lo que te dice es para quedar por encima de los demás y compensar su baja autoestima, no porque de verdad seas un inútil. Nunca te creas lo que te dice, y si dudas, pregúntales a otras personas si de verdad piensan eso de ti. Si te dice cosas como eres un inútil como tu padre, no sabes hacer nada, ya has hecho esto mal otra vez, esto no te ha quedado bien, puedes contestarle con frases como bueno, qué se le va a hacer o bueno, nadie es perfecto.

El evasivo

Aunque este tipo de personas presentan una actitud tóxica (la de evitar tomar cualquier decisión) no dan tantos problemas como el violento o el manipulador, pero sí pueden robarte parte de tu tiempo y energía.

Son los típicos que dejan las cosas no para mañana, sino para cuando alguien se lo pueda resolver. Posiblemente estas personas desarrollaron un miedo a tomar sus propias decisiones debido a que fueron criticadas y desvalorizadas al tomar una decisión. También pueden ser personas con miedo a enfrentarse a la vida, y siempre hubo alguien que les solucionó sus problemas. Un caso típico son los ninis que no quieren hacer nada con su vida y no se molestan en tomar una decisión.

Los reconocerás porque siempre te contestarán con respuestas poco concretas y evasivas. Si por ejemplo les preguntas ¿oye, quedamos hoy?, te saltarán con respuestas como bueno, ya nos encontraremos, o ya veré, pero ese ya veré puede convertirse en un mes.

Tampoco hay que dar una respuesta al minuto o en un mismo día, pero si pasan semanas y no te contesta no debes ir detrás de alguien al que poco le importas.

No sé significa NO. Cuando dices no sé quieres decir sé que no, no sé qué sí quiero, por lo tanto, no estoy seguro y prefiero decir NO.

En este caso no supone ningún problema, basta con aplicar con este tipo de personas su misma técnica.

Pero a veces hay personas evasivas que siempre dejan las decisiones en manos de otro (es muy típico en parejas, donde uno siempre es el que decide todo y el otro nunca decide nada), y si el que toma la decisión fracasa en lo que decide o no le sale bien, el evasivo tenderá a culparle alegando que nunca hace nada bien, que mira lo que ha hecho, etc.

¿Cómo actuar con los evasivos? Si el evasivo es una persona externa cuya falta de decisión no influye en tu vida (por ejemplo, un amigo), puedes empezar a pasar de él. Si por ejemplo le llamas para decirle que tienes entradas gratis para el cine, has pensado invitarle, le preguntas cuándo quiere quedar y te dice que no sabe o que ya os encontraréis, pasa de él y ve tú solo o llama a otra persona que quiera ir contigo.

No le vuelvas a invitar a nada ni a llamarle para nada, y si un día te invita para quedar, puedes contestarle lo mismo. Aunque esto puede parecer un castigo no es más que una lección que el evasivo deberá aprender, y si no decide aprenderla por ti, se le presentará una ocasión tras otra en la que perderá oportunidades por haber evitado tomar decisiones.

Puede que sólo así un buen día se dé cuenta de todo lo que se está perdiendo por no tomar las riendas de su vida.

Si es una persona con la que convives y cuyas decisiones afectan a la vida de ambos, deja que empiece a decidir advirtiéndole que no moverás un dedo hasta que decida algo. Así se verá sin más salida que la de decidir algo.

Muchas veces la persona evasiva esperará y esperará hasta que tú decidas, en caso de que se salga con la suya puedes advertirle de que si tomas tú la decisión no te puede culpar de nada, y si te hace sentir culpable porque gracias a una decisión que tú tomaste las cosas no salieron bien, dile que si no está conforme con la decisión que tomaste que empiece a decidir ella.

El acusador

Este tipo de personas son los que hacen algo por ti, pero no por el placer de dar sino porque en el fondo esperan algo a cambio, un poco como el interesado, con la única diferencia de que a veces se ven obligados a hacer algo que no quieren pero que tampoco le has pedido, para no sentirse malos. Es el típico caso de la madre que hace un regalo a su hijo para que venga a verla y si no lo hace se lo echa en cara con un "Con lo que he hecho por ti y así me lo pagas", y si el hijo no le sigue el juego irá diciendo a toda la familia lo malo que es su hijo porque no va a verla. Estas personas juegan con la culpabilidad (la forma más antigua junto con el miedo que se ha usado en la sociedad para manipular a las masas), por tanto, suelen caer en su trampa las personas con baja autoestima que necesitan continuamente la aprobación de otros. A veces pueden llegar a fingir ataques de ansiedad o enfermedades para que les prestes atención y hagas lo que ellas quieran: todo esto para hacerte sentir culpable.

¿Cómo tratar con estas personas? Lo primero que debes saber es que si alguien hace algo por ti que no le has pedido y luego te exige algo no debes sentirte culpable por no hacerlo, dado que tú no le pediste nada. Haz entender a esa persona que las cosas se hacen por placer y no por obtener algo a cambio. Debes comprender que no eres culpable de que tus padres no hayan podido estudiar por tenerte a ti, de que tu madre se enferme porque no haces lo que ella quiere o de que tu amigo se sienta solo. Cada uno debe hacerse responsable de su propia vida.

El manipulador

Este personaje conoce bien a sus víctimas, y dependiendo de la personalidad que tenga cada uno, así actuará. A algunos les hará sentir culpable, a otros les mentirá, a otros los asustará con violencia para que se callen y haga lo que diga, con otros se hará la víctima. Cualquier cosa será buena siempre que funcione.

Si por ejemplo es un violento, puede que te insulte, te diga de todo y al rato te pida perdón diciendo que no sabía lo que hacía (el típico caso de los maltratadores), para que bajes la guardia (ya que sabe que en el fondo está obrando mal y si sigue así posiblemente te irás) y pienses que en el fondo es muy bueno y que todo está ya bien. Lo que no sabes es que al día siguiente repetirá su comportamiento.

El acusador, como vimos en la unidad anterior utilizará la culpabilidad para manipular a su víctima. Puede que diga "Vete con tus amigos/as, pero si me quisieras..."

La víctima puede que te implore dando pena para que le escuches tres horas para que te cuente una vez más lo mal que le trata su marido sin querer tomar una decisión si tanto daño le hace.

El falso te mentirá para que hagas lo que él/ella quiere. La típica persona que es infiel a su pareja una y otra vez y promete que no lo volverá a hacer para que esta no le deje.

¿Cómo tratar con los manipuladores? Lo importante es saber qué técnica usan, una vez hecho esto puedes fácilmente tratar con ellos. Si es una persona violenta puedes perdonarla, pero dejarla, ya que en la mayoría de los casos estas personas no cambian. Si es un falso, no creas nada de lo que te dice, si es una víctima puedes decirle que, en vez de quejarse tanto, tome una decisión y no te cuente una y otra vez sus penas.

El autoritario

Se trata de personas con poca autoestima que posiblemente siempre fueron el último mono (como suele decirse) en su casa. Hijos cuyos padres no los escucharon o siempre les hacían callar. Tal vez nunca les dejaron tener protagonismo ni tomar sus propias decisiones y ejercieron la autoridad de forma violenta y arbitraria sin usar la lógica. Son los típicos que cuando son padres dicen a sus hijos ¡porque lo digo yo! Suelen ser personas que pueden ejercer la autoridad y la aprovechan para abusar de ella, como jefes o padres.

No aceptan críticas y jamás admiten que lo que hacen ellos está mal. Todo lo suyo está bien, y si ellos se equivocan, no pasa nada, pero si te equivocas tú, te puede caer una lluvia de insultos y descalificaciones o incluso violencia física por el mismo error que el haya cometido. Él puede decirte de todo y criticar lo que haces, pero si lo haces tú (aunque lo digas de buenas maneras) ya puedes esconderte bajo tierra, pues te la va a liar. Son personas prepotentes y engreídas con una clara falta de autoestima.

¿Cómo tratar con autoritarios? Jamás se puede ir de frente con un autoritario, ya que tienes todas las de perder. El truco está en hacer sugerencias y no imposiciones. Por ejemplo: si un jefe te dice que hay que hacer el trabajo así, aunque todos saben que no quedará bien, en vez de imponerte y declararle la guerra diciendo cosas como que eso no es así, puedes decirle que está muy bien planteado, pero si lo hiciera de tal manera.

Es lo que decían nuestras abuelas, hacer como que manda él cuando en el fondo somos nosotras las que decidimos.

El prepotente

Es una persona que se ve superior a los demás, a cualquier cosa que le digas te salta con una mala respuesta violenta. Por todo se ofende y se cree más que nadie.

Hasta el más mínimo comentario se lo toman como una ofensa. Pueden interpretar cualquier gesto, palabra o mirada como una actitud amenazante contra ellas.

Confunde la confianza en sí mismo con la chulería y el narcisismo. Son lo típicos que suelen decir de sí mismos cosas como "Para chulo yo", "A mí no me grita ni mi padre", "A mí nadie me habla así", pero ellos se toman la libertad de hacerte preguntas violentas, burlarse de ti o tratarte como si fueras cualquier cosa.

Son los típicos adolescentes conflictivos que abusan de los otros compañeros, que agreden a los profesores y no soportan que nadie les diga lo que tienen que hacer. Tienen graves problemas para obedecer a la autoridad.

Se creen invencibles, que pueden con todo el mundo que nadie les va a agredir nunca, que son los más fuertes, que imponen el miedo y todos les temen con sólo mirarlos.

Responden con gritos y violencia a la mínima, pero luego consiguen poner todo tipo de excusas como es que yo soy así, alegando que ellos son así y no van a hacer nada por cambiar. Los demás deben aceptarle como es sí o sí. No suelen admitir sus errores y la gente suele decirle a todo que sí para no crearse problemas, no porque lleven razón, y poder huir de ellos lo antes posible. Sólo viven para sus necesidades y no piensan en las de los demás. Su vida, sus fiestas y sus vicios son lo único importante.

Los más perjudicados son los que le rodean, ya que sus decisiones y actos pueden meter al resto en un buen lío que tendrán que arreglar estos. El arrogante se eximirá de la culpa.

¿Cómo tratar con arrogantes? Lo mejor que puedes hacer es quitártelos de encima en cuanto puedas, pero si no puedes, ni se te ocurra contestarle con malas palabras, pues cualquier intento de enfrentarte a él provocará que comience una batalla que tienes perdida.

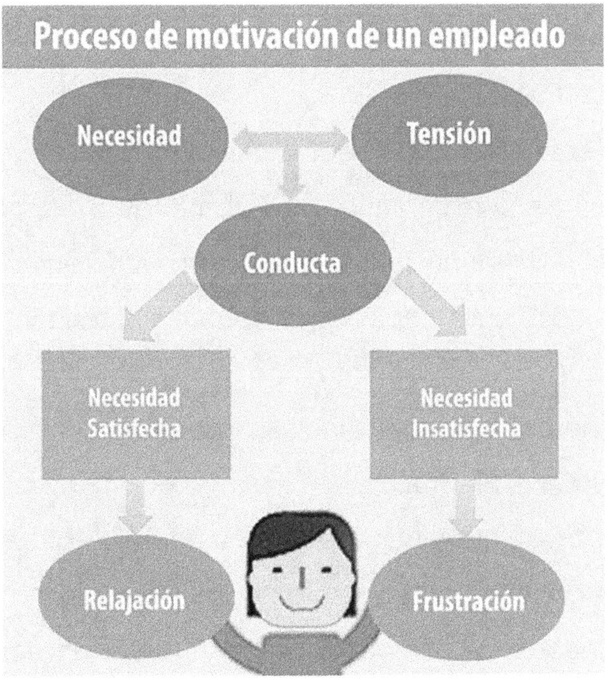

Ejercicio 4

Diálogo interno

"El optimista tiene siempre un proyecto. El pesimista, una excusa." (Iosu Laoz).

Para un cambio de verdad, es muy importante ser conscientes de cómo nos hablamos por dentro, cómo nos tratamos a nosotros mismos.

¿Cuál es la forma de relacionarse consigo mismo?

Puedes empezar a hacer algo que está en tu mano: pensar o hablarte a ti mismo de otra manera.

¿Cómo te hablas?

¿Eres consciente de ello?

Descúbrelo a través de estos sencillos pasos:

1) Durante una semana, pon al menos 3 alarmas al día en tu teléfono móvil, en horarios diferentes y en momentos que sepas que puedes atender cada alarma (no en momentos de trabajo o de sueño, obviamente). Puedes incluso ponerle un nombre especial a la alarma.

2) Cada vez que suene la alarma, lo único que tienes que hacer es observar la voz que ha estado sonando en tu cabeza el momento antes. Y darle un nombre: ¿Es una voz positiva, negativa, protectora,

benevolente, voz que critica, voz que te tranquiliza, voz que te preocupa, que te abre caminos, voz de creatividad, confianza, miedo, amor, etc.?

3) Cada vez que suene la alarma y prestes la atención a tu voz, dale un nombre, como he indicado más arriba y anótalo en un cuaderno o tu propio móvil.

4) La idea es que al cabo de la semana hayas anotado tantas voces como puedas. Incluso si ocurre, que sin que te suene la alarma, te has dado cuenta de que hay una voz nueva dentro de ti, dale un nombre, apúntala también.

5) Finalmente, cuando acabe la semana, haz una lista con todas estas voces. Es probable que te sorprendas de la cantidad de voces que hay en tu cabeza día tras día.

Acerca de la autoestima

Un aspecto muy importante de la personalidad, del logro de la identidad y de la adaptación a la sociedad, es la autoestima; es decir el grado en que los individuos tienen sentimientos positivos o negativos acerca de sí mismos y de su propio valor.

Definiciones de la autoestima

- La capacidad que tiene la persona de valorarse, amarse, apreciarse y aceptarse a sí mismo.
- El conjunto de las actitudes del individuo hacia mismo (Burns).
- Es la percepción evaluativa de uno mismo.
- Es el amor que cada persona tiene de sí mismo.

La autoestima está relacionada con muchas formas de conducta. Las personas con una autoestima elevada suelen reportar menos emociones agresivas, negativas y menos depresión que las personas con una autoestima baja. De modo similar, las personas con una autoestima elevada pueden manejar mejor el estrés y, cuando son expuestas al mismo, experimentan menos efectos negativos en la salud.

La época importante para el desarrollo de la autoestima es la infancia intermedia. El niño, aquí, compara su yo real con su yo ideal y se juzga a sí mismo por la manera en que alcanza los patrones sociales y las expectativas que se ha formado de sí mismo y de qué tan bien se desempeña.

Las opiniones de los niños acerca de sí mismos tienen un gran impacto en el desarrollo de la personalidad, en especial en su estado de ánimo habitual.

Por todo lo anterior, es importante el estudio de la autoestima, así como la presentación de patrones de conducta que lleven al individuo a establecer una autoestima elevada, que le permita un mejor desarrollo de sí mismo.

Por tanto, la autoestima, es el concepto que tenemos de nuestra valía y se basa en todos los pensamientos, sentimientos, sensaciones y experiencias que sobre nosotros mismos hemos ido recogiendo durante nuestra vida.

Los millares de impresiones, evaluaciones y experiencias así reunidos se juntan en un sentimiento positivo hacia nosotros mismos o, por el contrario, en un incómodo sentimiento de no ser lo que esperábamos.

Tipos de Autoestima

La autoestima se puede desarrollar en las personas de tres formas:

- Autoestima Alta (Normal): La persona se ama, se acepta y se valora tal cual es.
- Autoestima Baja: La persona no se ama, no se acepta y no se valora en sus cualidades.
- Autoestima Inflada: La persona se ama más que a los demás y valora exageradamente sus cualidades.

Características de las personas con Alta autoestima

- Saben qué pueden hacer bien y qué pueden mejorar.
- Se sienten bien consigo mismos.
- Expresan su opinión.
- No temen hablar con otras personas.

- Saben identificar y expresar sus emociones a otras personas.
- Participan en las actividades que se desarrollan en su centro de estudio o trabajo.
- Se valen por sí mismas en las situaciones de la vida, lo que implica dar y pedir apoyo.
- Les gustan los retos y no los temen.
- Tiene consideración por los otros, sentido de ayuda y están dispuestos a colaborar con las demás personas.
- Son creativas y originales, inventan cosas, se interesan por realizar tareas desconocidas, aprenden actividades nuevas.
- Luchan por alcanzar lo que quieren.
- Disfrutan las cosas divertidas de la vida, tanto de la propia como de la de los demás.
- Se aventuran en nuevas actividades.
- Son organizados y ordenados en sus actividades.
- Preguntan cuándo algo no lo saben.
- Defienden su posición ante los demás.
- Reconocen cuando se equivocan.

- No les molesta que digan sus cualidades, pero no les gusta que los adulen.
- Conocen sus cualidades y tratan de sobreponerse a sus defectos.
- Son responsable de sus acciones.
- Son líderes naturales.

Baja Autoestima

Personas con Autoestima Baja

Características de las personas con Baja autoestima

- Son indecisos, se les dificulta tomar decisiones, tienen miedo exagerado a equivocarse. Solo toman una decisión cuando tienen seguridad en un 100 por cien de que obtendrán los resultados esperados.
- Piensan que no pueden, que no saben nada.
- No valoran sus talentos. Ven sus talentos pequeños, y los de los otros los ven grandes.
- Le tienen miedo a lo nuevo y evitan los riesgos.
- Son muy ansiosos y nerviosos, lo que los lleva a evadir situaciones que le dan angustia y temor.
- Son muy pasivos, evitan tomar la iniciativa.

- Son aisladas y casi no tienen amigos.

- No les gusta compartir con otras personas.

- Evitan participar en las actividades que se realizan en su centro de estudio o en su trabajo.

- Temen hablar con otras personas.

- Dependen mucho de otras personas para hacer sus tareas o realizar cualquier actividad.

- Se dan por vencidas antes de realizar cualquier actividad.

- No están satisfechas consigo mismas, piensan que no hacen nada bien.

- No conocen sus emociones, por lo que no pueden expresarlas.

- Debido a que no tienen valor, les cuesta aceptar que las critiquen.

- Les cuesta reconocer cuando se equivocan.

- Manejan mucho sentimiento de culpa cuando algo sale mal.

- En resultados negativos buscan culpables en otros.

- Creen que son los "feos".

- Creen que son ignorantes.

- Se alegran ante los errores de otros.

- No se preocupan por su estado de salud.

- Son pesimistas, creen que todo les saldrá mal.

- Busca líderes para hacer las cosas.

- Creen que son personas poco interesantes.

- Creen que causan mala impresión en los demás.

- Les cuesta obtener sus metas.

- No les gusta esforzarse.

- Sienten que no controlan su vida.

Autoestima Inflada

Características de las personas con autoestima inflada

Tomando elementos básicos de Freud podemos hacer una aproximación a las características de este tipo de persona:

- Piensan que pueden hacerlo todo, no hay nadie mejor que ellos.

- Creen tener siempre la razón y que no se equivocan.

- Son seguros de sí mismos en extremo, pero los hace no ver los riesgos de sus acciones.

- Creen que todas las personas los aman.

- Hablan en extremo y son escandalosos.

- No toman en cuenta a nadie para hacer sus tareas o realizar cualquier actividad.

- Se aman a sí mismo de forma enfermiza.

- Son vanidosos, y en casos extremos llegan al "narcisismo". Narciso era un hermoso joven que todos los días iba a contemplar su propia belleza en un lago. Estaba tan fascinado consigo mismo que un día se cayó dentro del lago y se murió ahogado. En el lugar donde cayó nació una flor, a la que llamaron narciso.

- Se sienten atractivos (no necesariamente en el aspecto físico).

- Creen que son las personas más interesantes de la tierra.

- Tienen mucha seguridad en sí mismos.

- Creen que le ganan a cualquiera en todo.

- Creen que impactan a cualquiera que lo conoce.

- Les gusta que les elogien.

- Creen que todas las personas están obligadas a amarlos.

- Creen que nunca se equivocan, pero atacan a los demás cuando se equivocan.

- Nadie es más que ellos como persona.

- Se sienten felices y plenamente a gusto consigo mismo.

- Cuidan de forma enfermiza su salud.

- Optimistas en extremo.

- Sienten que merecen tener más que los demás.

- Quieren tener lo mejor en ropa, perfume y objetos materiales.

- Ególatras, megalómanos.

Desarrollo de la Autoestima

Siguiendo a Campos y Muñoz, (1992) podemos explicar la formación de la autoestima a partir de los siguientes elementos.

Elementos forjadores de una autoestima alta

El niño y la niña:

- Desde pequeño son tratados con amor.

- Se les da seguridad.

- Se les aplican normas conductuales firmes, no violentas.
- Se les enseña a respetar a las personas.
- Se les enseña que pueden soñar.
- Se les inculca que lograrán todo lo que se propongan.
- Se les llama la atención con amor.
- Se les cuida su salud en forma normal.
- Se les ayuda a ser independientes.

Existen elementos que ayudan a mejorar la autoestima

-Sentimiento de Pertenencia: Necesitamos experimentar que somos parte de algo, que somos parte de una familia, de una comunidad en la cual nos quieren y nos respetan, miembros de una nación con nuestras costumbres, historia, lengua.

Sentir que somos amados por la familia, que nos aman, nos cuidan, y si no es así, buscamos una familia sustituta; amigos con quienes compartimos nuestros momentos agradables, vecinos que nos respetan. Ser reconocidos en nuestras cualidades, capacidades, habilidades, destrezas y dones.

Formación de una baja autoestima

La autoestima se va desarrollando a diario en los primeros años de la vida de los niños y las niñas. Y entre los factores que producen una baja autoestima podemos describir:

La repetición constante del no: No hagas eso, no vengas tarde y otros.

La inconsistencia en las reglas de conducta: papa da una orden y mamá da una orden contraria. Papá no me da permiso, pero mi mamá sí.

Regaño con alto grado de enojo, malas palabras, cólera.

Indiferencia de los padres, no sabe si está enfermo, si come, por donde anda.

Reglas familiares rígidas. ¡Quien no viene a las 12 sino después, no almuerza en esta casa!

Pérdidas importantes durante la infancia: papá, mamá y otros.

El abuso físico o sexual: golpes, violaciones.

Padre o madre con problemas de adicciones.

Padre y madre sobreprotectores.

Padre y madre muy consentidores.

-Comunicación de doble vínculo: es el mensaje con doble fondo, una persona dice una cosa y actúa de otra forma diferente a la que dijo. Por ejemplo: Le pide al niño que no mienta, y él miente.

Situaciones de estrés agudo o estrés post traumático pueden generar una baja autoestima.

Elementos Forjadores de una autoestima inflada

Desde la niñez se le trata así:

- Es tratado con amor enfermizo.
- No se le aplican normas conductuales.
- Se le enseña a que su opinión es mejor que la de los demás.
- Que logrará todo lo que se proponga.
- Que puede conseguir lo quiera, aunque para ello, tenga que utilizar a otros.
- Se le complace en todo.
- Se le enseña que es el/la más bonito/a.
- Que es el/la más inteligente de todos/as.
- A ser autosuficiente en extremo.
- En grado extremo se va desarrollando en el niño y niña una personalidad vanidosa y narcisista.

Elementos ligados a la Autoestima

Según lo sugerido por el autor Mauro Rodríguez, los componentes de la autoestima son diversos, por ello los sintetizó en tres esenciales, que son:

- El autoconcepto.

- El autorespeto.

- El autoconocimiento.

Conocer cada uno de los componentes de la autoestima nos permitirá, sin duda, entender mejor su desarrollo y reconocer la importancia de ella en nuestra vida cotidiana.

Puesto que la autoestima afecta a todo el comportamiento humano y recibe influencias determinantes desde la infancia hasta el último momento de la vida, es indispensable identificar sus componentes, para así, elaborar estrategia que nos lleven a fortalecerla y mantenerla en estado elevado.

Con ésta se busca abordar el núcleo de la autoestima y su influencia trascendente en el desarrollo personal; a partir de la identificación de sus componentes, con el fin primordial de que se avance en la comprensión de ese que hasta hoy nos resultará tan desconocido: uno mismo.

Autoconcepto

El autoconcepto es la opinión o impresión que la gente tiene de sí misma, es su "identidad hipotetizada", la cual se desarrolla a lo largo de muchos años. El autoconcepto, es el conjunto de percepciones cognoscitivas y actitudes que la gente tiene acerca de sí misma.

El autoconcepto es multidimensional, y cada una de sus dimensiones explica roles diferentes. Una persona puede calificarse como marido o esposa, como profesional, como, líder comunitario, como pariente y amigo, y así sucesivamente; esos aspectos diferentes del yo describen la personalidad total.

Los individuos pueden tener autoconceptos diferentes, que cambian de vez en cuando, que pueden ser o no retratos precisos de ellos mismos. Los autoconceptos se elaboran constantemente, dependiendo de las circunstancias y de las relaciones confrontadas por el individuo.

Los hallazgos empíricos han revelado que la diferenciación del yo aumenta con la edad.

Las contradicciones y el conflicto interno son menores al inicio de la adolescencia, alcanzan un punto máximo a la mitad de la etapa adolescente y al final empieza a declinar.

Durante la adolescencia media, los jóvenes desarrollan la capacidad de comparar, pero no de resolver, atributos contradictorios del yo.

Al final de la adolescencia aparece la capacidad de coordinar, resolver y normalizar los atributos contradictorios, y se reduce la experiencia del conflicto sobre el tipo de gente que la persona realmente quiere ser.

Hace varios años (1950) se afirmó que la personalidad tiene cierta estabilidad, pero que nunca permanece exactamente igual, siempre está en transición, pasando por revisiones.

Allport utilizó el término "propium", que se define como "Todos los aspectos de la personalidad, que componen la unidad interna"; para referirse a la identidad personal, al yo, que se desarrolla con el transcurso del tiempo.

Ruth Strang (1957) identificó cuatro dimensiones básicas del yo

-Primero: Un autoconcepto general, que consiste en la percepción global que el/la adolescente tiene de sus capacidades y su estatus, así como de los roles del mundo externo.

-Segundo: Autoconceptos temporales o cambiantes, influidos por las experiencias actuales; por ejemplo, el comentario crítico de un maestro puede producir un sentimiento temporal de minusvalía.

-Tercero: Los/as adolescentes tienen un yo social, su yo, en las relaciones con los demás, y el yo al que otros reaccionan. Como decía un adolescente: "me gusta la forma en que la gente me responde, hace que me sienta bien conmigo mismo".

Algunos/as adolescentes piensa en sí mismos/as sólo de manera negativa, porque creen que no agradan a los demás. Una influencia importante sobre el autoconcepto es la forma en que se sienten los/as adolescentes en los grupos sociales.

-Cuarto: A los/as adolescentes les gustaría ser el yo ideal que han conceptualizado. Esas imágenes proyectadas pueden ser realistas o no; imaginar ser lo que nunca serán, puede conducirlos a la frustración y al desencanto.

En otras ocasiones los/as adolescentes proyectan una imagen idealizada y luego se esfuerzan por convertirse en esa persona.

Quienes disfrutan de una mejor salud emocional, suelen ser aquellos cuyo yo real, se aproxima al yo ideal proyectado, y quienes pueden aceptarse como son.

El autoconcepto está formado por varios niveles
-Nivel cognitivo / intelectual: Constituye las ideas, opiniones, creencias, percepciones y el procesamiento de la información exterior. Basamos nuestro autoconcepto en experiencias pasadas, creencias y convencimiento sobre nuestra persona.
-Nivel emocional afectivo: es un juicio de valor sobre nuestras cualidades personales. Implica un sentimiento de lo agradable o desagradable que vemos en nosotros.
-Nivel conductual: es la decisión de actuar, de llevar a la práctica un comportamiento consecuente.

Los factores que determinan el autoconcepto son los siguientes
-La actitud o motivación: es la tendencia a reaccionar frente a una situación tras evaluarla positiva o negativa. Es la causa que impulsa a actuar, por tanto, será importante plantearse el porqué de nuestras

acciones, para no dejarnos llevar simplemente por la inercia o la ansiedad.

-El esquema corporal: supone la idea que tenemos de nuestro cuerpo a partir de las diferentes sensaciones y estímulos que recibimos. Esta imagen está muy relacionada e influenciada por las relaciones sociales, las modas, complejos o sentimientos hacia nosotros mismos.

-Las aptitudes: son las capacidades que posee una persona para realizar algo adecuadamente (inteligencia, razonamiento, habilidades, etc.).

-Valoración externa: es la consideración o apreciación que hacen las demás personas sobre nosotros. Son los refuerzos sociales, halagos, contacto físico, expresiones gestuales, reconocimiento social, etc.

Autoestima precisa

Ya sabemos que la autoestima es uno de los factores más relevantes para el bienestar personal y una clave para relacionarnos con el entorno de una forma satisfactoria.

Si nuestra tendencia es a sobrevalorar las dificultades o defectos sin valorar las propias capacidades o posibilidades, la suma global (la percepción de uno mismo) hace que nos sintamos insatisfechos. Si esta forma de pensar está generalizada, nuestras actuaciones van a estar sesgadas o actuaremos con temor y hay más posibilidades de que los fallos se repitan en el futuro.

También podemos tener un pensamiento distorsionado en el sentido contrario, si lo que tenemos es un sentimiento exagerado de autoestima, nos puede crear problemas, lo cual ocasionará que no podamos resolver los problemas de forma adecuada.

Aceptación de límites y capacidades

En esta sociedad se nos pide que seamos perfectos, ¡Los mejores!; esto choca frontalmente con nuestra vivencia. Lo adecuado es sentir una parte de nosotros como maravillosa, aquella que se refiere a nuestras capacidades. Somos buenos para unas cosas, tenemos cualidades que ponemos o no en práctica, hemos conseguido cosas, etc.

La otra parte de nosotros alberga los límites. A veces somos odiosos, nos enfadamos, somos débiles o miedosos, no sabemos qué hacer, e incluso nos equivocamos. La parte de los límites es la que intentamos esconder, la que nos avergüenza de nosotros mismos.

Ponemos tanta atención en nuestros defectos que no hacemos sino hacerlos más presentes y empeorar las cosas, por no aceptarlos, cambiar o salir de ellos.

Toda esta energía puesta en los límites nos impide desarrollar las capacidades y superarnos.

Necesitamos aceptarnos como un todo, con límites y capacidades. Querernos sin condiciones.

Sólo así sentiremos el aumento de la autoestima. Necesitamos estimar lo mejor de nosotros y lo menos bueno.

Autorespeto

Respetarse a uno mismo, es un trabajo indispensable para vivir en armonía con uno mismo y con los demás.

Constantemente nos quejamos de que otros nos faltan al respeto, sin atender a que es más frecuente que uno mismo se falte al respeto, siendo esto en ocasiones de manera inconsciente.

La autoestima, dice Dov Peretz, que es un silencioso respeto por sí mismo.

Mientras que, según Mauro Rodríguez, el respeto a sí mismo se manifiesta a través de las siguientes formas:

- Atender y satisfacer las propias necesidades y valores.

- Expresar y manejar, de forma conveniente, sentimientos y emociones, sin hacerse daño ni culparse.

- Buscar y valorar todo aquello que haga a uno sentirse orgulloso de sí mismo.

Generalmente, las faltas de respeto comienzan con faltas de respeto a uno mismo.

Habría que comenzar por revisar detenidamente cómo y por qué lo permitimos y no tanto por qué los otros lo hacen.

Maslow dice que "Sólo podemos respetar, dar y amar a los demás cuando hemos respetado, dado y amado a nosotros mismos".

Y, sin duda, de la misma manera que las relaciones humanas profundas se establecen sobre bases de respeto, también la autoestima se fortalece cuando aprendemos a respetarnos a nosotros mismos.

Autoconocimiento

Conócete a ti mismo es la máxima socrática de hace siglos, que expresa una tarea para toda la vida, la más seria de todas las tareas.

Así, sólo se puede querer lo que se conoce; si uno es perfectamente desconocido para sí mismo, es difícil poder quererse.

Algunas de las preguntas a las que con frecuencia es difícil encontrar respuesta son:

¿Quién soy?,

¿Por qué reacciono así?,

¿Qué me hizo sentirme así?, etc.

Debiéndose esto a que no nos conocemos lo suficiente.

Se dice que cuando aprendemos a conocernos, en realidad vivimos; y efectivamente, no podemos vivir con algo o con alguien que desconocemos (uno mismo); mucho menos emplear capacidades, recursos o habilidades desconocidas para nosotros de nosotros mismos.

El conocimiento de sí mismo no sólo afecta positivamente a la autoestima, sino a las relaciones con los demás, y hasta la comprensión del mundo, del universo.

Un físico contemporáneo afirmó: "Hemos reunido pruebas suficientes que indican que la clave para la comprensión del universo eres tú".

Llegar a un nivel óptimo de autoconocimiento, conlleva la comprensión de que se debe conocer a los demás empezando por conocerse a uno mismo, e identificando la individualidad de cada ser, es decir reconocer la dependencia entre "Los otros y yo".

Factores Importantes en el desarrollo de la autoestima
La Autoestima está ligada a varios factores
La Resiliencia

Es un concepto difundido en los programas preventivos, es la capacidad que tiene el ser humano de crecer y desarrollarse en medio de factores adversos, para madurar como ser adulto competente y sano pese a los pronósticos desfavorables.

Esto significa que un joven puede provenir de una familia donde el padre, la madre o ambos sean alcohólicos, y no se practiquen valores asociados a la salud integral, sin embargo, el hijo asimila esta situación como algo que él no quiere vivir y se vuelve "resiliente" dentro de un medio adverso.

Asertividad

La asertividad es mucho más que decir sí o no. Implica reconocer y nombrar los sentimientos, expresarlos, tomar decisiones, actuar sin agredir a los otros y siempre hacerse responsable de la conducta que se sigue y de sus consecuencias.

Una persona asertiva se siente siempre libre para manifestarse. Puede comunicarse con cualquier persona. Mantiene una orientación activa en su vida; persigue lo que desea, imagina, crea y logra. No es pasivo, no aguarda a que las cosas le ocurran ni permite que le sean impuestas. Además, siempre actúa de un modo que él mismo juzga respetable, así conserva el respeto propio.

La asertividad define la manera de proceder ante una situación que requiere respuesta o decisión. Se puede decidir por impulso, por costumbre o de la manera que los otros esperan; o bien de manera razonada.

Al decidir con asertividad lo hacemos también de manera razonada. Esto implica: definir el problema, buscar las soluciones posibles y valorar cada una para finalmente optar por la más adecuada.

Al estar seguro de sí mismo, uno puede defender derechos y asumir responsabilidades y obligaciones.

La vida nos plantea problemas a todos, pero lo importante es saber que somos capaces de enfrentarlos eficientemente.

Conducirse asertivamente promueve la igualdad en las relaciones interpersonales a través de la comunicación abierta.

Ser asertivo permite defender los derechos propios, lo que se piensa, se siente y se desea de forma clara y directa, en el momento oportuno, sin negar los derechos de los otros, y evitando en lo posible una actitud pasiva o agresiva.

La comunicación asertiva es indispensable en la vida, para dar a conocer al otro la forma en que se piensa, siente y actúa.

Ser asertivo brinda la posibilidad de experimentar satisfacciones.

El comportamiento agresivo impide el enriquecimiento de la interacción social y provoca en ésta defectos negativos, pues deteriora la satisfacción y la comunicación de las relaciones humanas.

La actitud no asertiva nos expone a la manipulación y al control psicológico de los demás.

Nadie puede manipular las emociones de los demás, si éstos no lo permiten.

La práctica de la asertividad ayuda a protegerse de situaciones de riesgo, fortalece el sentido de responsabilidad y de seguridad en uno mismo.

Valores

Los valores constituyen la estructura del pensamiento, con ellos cada persona diferencia lo que está bien y lo que está mal. Un firme sistema de valores ayuda a tomar decisiones con base en los hechos y no en las presiones externas. El comportamiento coherente está impregnado por los valores de la persona. Así se evita caer en contradicciones.

Los valores fortalecen el logro de metas específicas. Sin directriz se dispersa la energía y se debilitan la intencionalidad y el alcance. A mayor conciencia, mayor congruencia entre lo que se piensa, lo que se cree, lo que se siente y lo que se actúa. Este es un proceso que requiere del desarrollo del autoconocimiento y del control personal.

La educación en valores puede convertirse en el lugar de reflexión que ayude a:

Identificar y cuestionar los aspectos de la realidad cotidiana y de las normas sociales vigentes.

Construir formas de vida más equitativas tanto en los ámbitos interpersonales como en los colectivos.

Elaborar de forma autónoma y racional, en comunicación consigo mismo, principios generales de valor que ayuden a establecer juicios críticos sobre la realidad.

Motivar a los jóvenes para que elijan un comportamiento congruente con los principios y las normas que personalmente han incorporado.

Los valores crean un compromiso profundo en el individuo ante sí mismo, ante su grupo de pertenencia y ante la sociedad.

La disciplina dedicada a los valores se denomina "axiología".

Una vez apropiados por la sociedad, hay valores que perduran por consenso histórico.

Es erróneo decir que algunas personas no tienen valores, simplemente pueden no coincidir con los propios o jerarquizarlos de manera diferente a la nuestra.

Jerarquizar los valores no resulta fácil; primero es necesario reflexionar sobre cuáles son los propios deseos, metas y necesidades por satisfacer o alcanzar, y posteriormente elegirlos como guías. La jerarquía de valores varía según la etapa de desarrollo humano que se vive.

Por ejemplo, para un adulto será muy importante la vida, la salud, la familia y el trabajo, mientras que para un adolescente lo más importante será, la amistad, la escuela, los momentos de diversión y el ser atractivo para el sexo opuesto.

Hablar de educación en valores es hablar de educación ética.

Tiempo libre

El tiempo libre aparece en la medida que el individuo es capaz de diferenciar lo propio de lo ajeno, y lo que él quiere de lo que los otros quieren.

Si se rescata el tiempo libre es porque no permitimos que el aburrimiento y el extravío del "nada que hacer" impongan sus límites.

Tanto el trabajo como el tiempo libre constituyen un derecho y una necesidad.

Todas las personas deberían contar con trabajo y tiempo libre para satisfacer las necesidades personales y familiares, con la finalidad de perfeccionarse, como una manifestación de la libertad.

Desafortunadamente no es común saber estar algunos momentos del día con nosotros mismos disfrutando de esta intimidad.

En pocas ocasiones es posible dialogar con nuestros propios deseos sin la presión de los deseos de los otros.

Hemos sido arrastrados a pensar en función de "otros", y esto no es necesariamente malo, el problema es que antes no nos hemos puesto a pensar sobre nosotros mismos, cuestionándonos acerca de lo que somos y tenemos, y de lo que nos hace falta.

El tiempo libre es una fuente continua de información y experiencias, que es potencialidad pura, lista para ser explotada en una innumerable gama de posibilidades; tantas como tenga cada individuo.

Proyecto de vida

La realidad es como la vive cada individuo; puede ser ordenada o caótica. Los adultos principalmente, estamos familiarizados con realizar proyectos de trabajo, los niños y adolescentes proyectos escolares, pero casi nunca se nos enseña la importancia de desarrollar un proyecto de vida personal.

Hablar de crear un proyecto de vida puede resultar un tanto difícil, ya que existen individuos que creen que su futuro ya está determinado por su familia, su lugar de origen, su nivel socioeconómico, alguna carencia afectiva, la suerte, etc. limitando todo lo anterior la posibilidad de planificar.

Independientemente de que los adolescentes se caracterizan por vivir el aquí y el ahora, y tener poca percepción del riesgo, es la etapa en la que tendrán que planificar y llevar a cabo acciones que influirán en su futuro económico, familiar y social. De ahí que orientarlos en la importancia de su toma de decisiones como un elemento vital en la formación de sus proyectos, apoyará la determinación de tomar las riendas de su vida personal y asumir las consecuencias de dichas decisiones.

En términos generales, un proyecto de vida le da un por qué y un para qué a la existencia humana.

Adoptar un proyecto de vida como modelo de prevención, permite considerar temas del ámbito personal y social; por ejemplo, el abuso del consumo de bebidas con alcohol.

El proyecto de vida ayuda a saber quién soy, cómo soy, y plantear metas a corto, mediano y largo plazo en las diferentes áreas de la vida.

El ser humano, en cualquier período de su vida, necesita construir las posibilidades de su futuro, encauzar sus esfuerzos y establecer a dónde quiere llegar, a través de un conjunto de requerimientos internos y externos con los que evaluará la importancia de ser, hacer o tener. ¿Qué estudiaré?

¿A qué me quiero dedicar profesionalmente?

¿Dónde estudiaré?

¿Quiero tener pareja?

¿Cuáles son las obligaciones y responsabilidades que adquiero si...?

Son algunas de las interrogantes que deberían plantearse los adolescentes y los jóvenes.

Para que los jóvenes encuentren las respuestas en su proyecto de vida es necesario que busquen en lo profundo de ellos mismos, donde cada uno es capaz de escuchar y analizar la elección, donde la libertad está presente, y entonces analizar esto desde la perspectiva de la "necesidad".

El proyecto de vida es el conjunto de posibilidades que dan la pauta a abrir nuevos caminos, alternativas y situaciones que lleven al crecimiento integral.

El proyecto de vida se realiza en la etapa de la adolescencia, éste debe acompañar al ser humano a través de su desarrollo.

Un proyecto de vida no es independiente de lo que ocurre en el entorno, ni se excluye a las personas con las que se interactúa.

El proyecto de vida tiene la función de organizar de manera paulatina el mundo interior del individuo, así como el exterior.

A medida que un proyecto de vida se construye de manera independiente, se tiene la oportunidad de actualizarlo y continuar con su proceso, e incluso de cambiarlo para que esté acorde con la realidad. El avance en la elaboración del proyecto no es siempre lineal ni va en la misma dirección.

Autoestima y Autorrealización

Es la conciencia de la propia valía e importancia, y la asunción de la propia responsabilidad hacia nosotros mismos, de la construcción de nuestra vida y hacia nuestras relaciones intrapersonales e interpersonales.

A menudo se confunde con egoísmo o hedonismo, es justamente lo contrario, es una forma de apertura a los demás, responsabilizándose de las propias acciones y relaciones, a la conciencia positiva de sí mismo en cuanto persona y la responsabilidad de las propias acciones y relaciones.

No obstante, no podemos enseñar a nuestros hijos lo que desconocemos. Sólo podremos hacerlo si partimos de nosotros como educadores de nosotros mismos.

Cada persona es valiosa, importante y responsable por el sólo hecho de ser un ser humano.

Todos tenemos capacidad para tomar nuestras propias decisiones y aceptar la responsabilidad de nuestros actos.

Valores primordiales de la Autoestima

Queda demostrada por el sencillo hecho de que, si nos lo proponemos, somos capaces de mejorar, aprender y progresar en todos los sentidos.

Todos somos genios en potencia, según el campo o el entorno que nos motive o interese lo suficiente, tenemos la posibilidad de empezar a serlo en cualquier momento o etapa.

Importancia

Todos somos únicos e irrepetibles; ser conscientes de nuestra importancia significa darnos cuenta de que por ser personas tenemos la capacidad de marcar una diferencia tanto en nuestra vida como en nuestras relaciones con los demás y en cualquier momento de nuestra existencia.

Responsabilidad

Nuestra valía e importancia no reside sólo en ser como somos, implica nuestra capacidad y disposición para asumir la responsabilidad de nuestro crecimiento, evolución, actuación en la vida y los resultados que consigamos de la misma.

Ser responsables significa tener la disposición de crear en nuestra vida y en nuestras relaciones unas situaciones que nos permitan actuar de la forma más beneficiosa para nosotros mismos y los demás.

Si sabemos que somos importantes, con valía, con capacidad suficiente, estamos actuando desde un espacio de libertad, autonomía y responsabilidad.

Componentes de la autoestima

Los componentes que le dan una visión a la autoestima de nuestros hijos son los Sentidos de: Seguridad, Autoconcepto, Pertenencia, Motivación y Competencia.

Seguridad

Es el presupuesto básico de la autoestima, factor de motivación. Se deriva del reconocimiento, del éxito, de la libertad, de la apreciación, de la pertenencia, del autoconcepto, de la aceptación.

Un entorno de cariño, aceptación y comprensión desde la primera infancia permite al niño a atreverse a seguir sus impulsos naturales de desarrollo, y le da una seguridad basada en sus propias experiencias y en el refuerzo de sus padres.

Cuando un niño no se siente aceptado, comprendido y querido en la medida suficiente y de una forma incondicional, se encontrará cohibido en cualquier expresión de su desarrollo, tanto físico como mental. Su sentido de seguridad en sí mismo se verá profundamente afectado.

El niño necesita de unas normas claras de conducta para que sepa lo que se espera de él como parte del sistema familiar y social al cual pertenece.

Normas básicas de convivencia que se aplican a todos los componentes de la familia y el cumplimiento de las cuales son responsables todos, padres e hijos.

Una contradicción de mensajes le quita al niño seguridad y capacidad de acceder a un comportamiento natural. Los padres tienen que ponerse de acuerdo sobre la normativa familiar e informar a los hijos de las reglas y lo que se espera de ellos. El niño necesita poder tener confianza en sus padres y no estar sujeto a sobresaltos o cambios bruscos de humor o de actitudes dentro de la familia.

El niño necesita la seguridad de saber a qué atenerse con respecto a lo que puede o no puede hacer, con el fin de desarrollar su sentido de responsabilidad.

Características del/de la niño/a sin suficiente seguridad

- Timidez excesiva.
- Dificultad de separarse de personas o situaciones que le amparan y arropan.

- Nerviosismo exteriorizado, comerse las uñas, chuparse el dedo, jugar con los rizos de pelo, temblor, llanto.

- Estrés como mojar la cama, dolores de estómago o de cabeza, sudor excesivo, irritación, nerviosismo.

- Resentimiento contra la autoridad por abusos sufridos, utiliza el victimismo para sentirse aliviado: él/ella no es el/la responsable, es el entorno o los demás.

- Desorientación, no sabe lo que se espera de él/ella, confundido/a.

- Considera que no hay justicia hacia él/ella y hacia cualquier cosa que haga.

- Se resiste a probar nuevas experiencias, se le ha castigado por cualquier iniciativa que tomara y decide no hacer nada para no ser castigado.

- Dificultad en aceptar cambios, entran en crisis, se asustan.

- Dificultad en mantener contacto con los ojos o a tener contacto físico con los demás, recuerdan el miedo que les representaba mirar a sus padres o tampoco han recibido la experiencia de recibir abrazos o afecto.

- No acepta el concepto de gratificación retrasada, pierde confianza en su capacidad de logro.

Sentido de Motivación y finalidad

Impulsa a las personas a actuar de una determinada forma y a proponerse unos objetivos específicos, efectivos, concretos y alcanzables.

La persona con autoestima sabe lo que quiere conseguir y averigua cómo hacerlo a corto, medio y largo plazo.

Sus energías se dirigen a tareas específicas y se sienten satisfechas cuando han conseguido lo que se proponen.

La falta de un sentido de dirección y finalidad resta motivación para realizar un verdadero esfuerzo para la consecución de objetivos, ya que no se produce el necesario convencimiento y voluntad de éxito.

Los padres pueden motivar a sus hijos a la acción desde la confianza que le demuestra su capacidad y buena voluntad. Las expectativas que un padre tiene para cada uno de sus hijos/as varían la percepción que tenga de cada uno/a de ellos/as. A veces estas expectativas responden sólo a sus deseos y a sus preconceptos y no tienen respuestas por parte de los/as niños/as.

A menudo, estas expectativas son el reflejo de frustraciones de los padres en su niñez. Los padres traspasan a sus hijos/as los deseos que tuvieron de niños. Un exceso de expectativas puede desbordarle y dañar su autoestima si no consigue cumplir con los requerimientos de los padres.

Una situación de este tipo puede dejarle frustrado y con un sentido de insuficiencia altamente negativo. También puede darse el caso que las expectativas de los padres sobre uno/a de los/as hijos/as causen celos en sus hermanos y dañen la autoestima de éstos. Está muy bien que un padre tenga los mejores deseos de éxitos para los/as hijos/as, pero estos son los que tienen que motivarse a actuar desde su propia iniciativa, creatividad, esfuerzo, interés propio de formación y éxito personal; y no porque los padres se lo pidan o lo esperen de ellos/as. Un gran esfuerzo para la consecución de los objetivos que un/a niño/a se propone es la fe que tengan sus padres en su capacidad de alcanzarlos.

La confianza que se le demuestra, real e interior, de que puede y está capacitado, actúa como una motivación al éxito y le ayuda en la mayoría de las ocasiones y contextos a superarse a sí mismo y a sus condicionamientos.

Medidas de actuación

Crear contextos en los que se dé cuenta de las ventajas de la gratificación retrasada. Esto es renunciar a una satisfacción inmediata para conseguir resultados más satisfactorios a largo plazo.

Enterarnos de qué es lo que quiere hacer en la vida. No hay duda de que el/la niño/a tiene necesidades y deseos que a veces desconoce. Se puede utilizar dinámicas de grupo y juegos en que puede permitirse soñar y visualizarse a sí mismo/a mientras hace cosas, consigue resultados, atención, admiración.

Utilizar la técnica del sólo por hoy para evitar ansiedad y motivarse a intentar lo que le interesa conseguir: sólo para hoy voy a hacer este trabajo; sólo para hoy voy a hacer este esfuerzo. Y mañana repite la dosis.

Darle la posibilidad de automotivarse reconociendo y alabando cuantos resultados positivos consiga, aunque sea por el sólo hecho de intentarlo. Crear los contextos y situaciones necesarios para que se dé a sí mismo/a el permiso de intentarlo.

Utilizando ejemplos personales explicarle la importancia de enviarse a sí mismo/a mensajes positivos que le permitan descalificar situaciones negativas.

Generar colaboración y apoyo mutuo, en casa y en la escuela, para que se sienta motivado/a por su propio interés a lucirse con sus familiares y/o compañeros/as colaborando en las tareas comunes.

Organizar el uso del tiempo, llevar un diario de actividades. Utiliza colores, un color para cada actividad, en lugar de mencionar la actividad mencionas el color para indicar la tarea.

Hacer que se den cuenta de que están haciendo algo importante. Darles el reconocimiento de que este algo no es fácil y que sólo el hecho de intentarlo, ya de por sí, es un alarde que poco a poco creará hábitos más efectivos. No dar los éxitos por descontados, sino reconocerlos y alabarlos en forma específica.

Expresar y verbalizar el refuerzo inmediatamente después de un éxito. Los éxitos reconocidos, aunque pequeños, ayudan a aumentar la motivación.

Reducir la ansiedad y el agobio, utilizando el juego como instrumento de aprendizaje y motivación.

Evitar nosotros/as mismos/as perder la confianza y la creencia de que el/la niño/a es capaz, aun con fracasos totales o parciales en las etapas de su autocrecimiento. Todos/as tenemos potenciales sin límites de crecimiento.

Se pueden organizar carteles de reconocimiento de actividades bien hechas al final del día o de la semana.

Organizar mensualmente unas interacciones de grupo o en pareja para una evaluación personal. Discutir sobre si ha habido o no un cambio de actitud y comportamiento en casa, en la escuela, en las relaciones con los demás, consigo mismos. Esto les acostumbrará a hacer un análisis personal que los puede llevar a autoconocerse y a tomar decisiones de forma motivada y consciente.

Demostrar confianza en el/la niño/a.

Ayudarle a fijarse objetivos ambiciosos pero realistas dentro de una dinámica de autosuperación.

Alentar los intereses, talentos y actividades del/de la niño/a con el dibujo, el juego, los compromisos, los intercambios, la reflexión, la relajación, los ejercicios físicos y mentales en grupo o individualmente.

Organizar un sistema de premios que sirva de incentivos suplementarios a la acción.

Considerar los fracasos no como algo negativo sino como una oportunidad de aprendizaje y práctica.

Sentido de competencia personal

Es la convicción de que se está lo suficientemente capacitado y preparado para poder hacer frente a cualquier situación que se nos presente, aunque sea imprevista.

Es la convicción de que, aunque no se conozcan todas las respuestas, uno puede buscarlas y encontrarlas. Es una "sensación de poder" que se consigue de los propios conocimientos y experiencias positivas.

El/La niño/a adquiere este sentimiento de poder cuando aprende a resolver solo/a el mayor número de problemas y conflictos que se le presenten. Es la consecuencia de tomar decisiones que le lleven a resultados satisfactorios, de averiguar dónde encontrar los recursos que necesita, de aprender a utilizarlos, de cómo conseguir las necesarias informaciones y de cómo hacer un buen uso de ellas.

Hay que tener cuidado de no proteger demasiado a los/as niños/as en situaciones conflictivas. Hay que animarlos a enfrentarse a riesgos razonables y a superarse a sí mismos. De los padres depende muy a menudo que consigan hacerse independientes lo antes posible.

Un camino desafortunado muy usual es el de no preocuparse o no tomar interés en lo que hace el/la niño/a y abandonarlo/a a su propia iniciativa; otro es el de sobre protegerle demasiado, sin hacerle sentir el necesario afecto, apoyo moral, reconocimiento y feedback que le permitan enfrentarse a posibles errores como parte del aprendizaje en lugar de considerarlos como fracasos.

Una gran parte de los/as niños/as, los/as más débiles, renuncian y pierden interés; otros, llegan a motivarse, aunque desarrollen un sistema de supervivencia desde la separación y la renuncia a la colaboración y apoyo de los demás.

Un tercer camino, igualmente negativo, es el de pretender objetivos y tareas que desbordan su capacidad. A menudo los padres que tienen estas exigencias ni siquiera están disponibles para ayudarles en el cumplimiento de estos objetivos.

Hay un camino que permite el pleno desarrollo de la competencia, seguridad, motivación, y autoconcepto del niño o la niña. También en este caso hay varios caminos para los padres. Uno es el alentarle haciéndole ver que está capacitado para aprender y actuar de la forma correcta si se lo propone. Le apoyan, le dan retroalimentación y le animan.

El/La niño/a se siente capaz e independiente, pero sabe que, si pide apoyo de sus padres, ellos están dispuestos a ayudarle en cualquier momento.

Aprender a pedir es otro factor de crecimiento. Es necesario saber decir no, si pensamos que es lo mejor para el/la niño/a. Si se da el caso, hay que hacerlo de forma abierta y alegar razones concretas con un diálogo para que lo comprenda. Así comprueba el apoyo y confianza en él/ella y en sus capacidades por parte de los padres.

Una vez que haya terminado la tarea es importante comprobar que está terminada, y bien, y reconocer el esfuerzo, la buena voluntad y la habilidad demostradas; siempre hay algún detalle en el que poder centrarse para hacer este esfuerzo más efectivo.

Mejorar la autoestima

Es necesario conocer cómo funcionamos, es decir, cuáles son nuestras fortalezas y aspectos positivos y cuáles son nuestras limitaciones.

A partir de esta valoración, decidiremos qué aspectos deseamos mejorar y cuáles reforzaremos.

El plan de acción para cambiar determinadas características debe ser realista y alcanzable en el tiempo (por ejemplo, la edad que tenemos es inamovible, la altura es otro factor poco variable a determinadas edades, etc.).

Es decir, tenemos características que tendremos que aceptar y con las que convivir, intentando sacar partido y ver su aspecto positivo.

Veamos algunas claves para mejorar la autoestima

1. No idealizar a los demás.

2. Evaluar las cualidades y defectos.

3. Cambiar lo que no nos guste.

4. Controlar los pensamientos.

5. No buscar obsesivamente la aprobación de los demás.

6. Tomar las riendas de la propia vida.

7. Afrontar los problemas sin demora.

8. Aprender de los errores.

9. Practicar nuevos comportamientos.

10. No exigirse demasiado.

11. Darse permisos.

12. Aceptar el propio cuerpo.

13. Cuidar la salud.

14. Disfrutar del presente.

15. Ser independientes.

Musicoterapia

La musicoterapia es el uso de la música para mejorar el funcionamiento físico, psicológico, intelectual o social de personas que tienen problemas de salud o educativos.

La musicoterapia puede ser definida como "Un proceso de intervención sistemática, en el cual el terapeuta ayuda al paciente a obtener la salud a través de experiencias musicales y de las relaciones que se desarrollan a través de ellas como las fuerzas dinámicas para el cambio" (Bruscia, 1998).

La musicoterapia se usa con niños/as, con adultos y personas de la tercera edad con diferentes problemas físicos, emocionales, intelectuales o sociales.

También se emplea con personas que no están enfermas o que no tienen ningún problema, para mejorar el bienestar personal, para desarrollar la creatividad, mejorar el aprendizaje, para mejorar las relaciones interpersonales y para el manejo del estrés.

En los/as niños/as se usa para mejorar la autoestima, la atención, la concentración, la coordinación, el aprendizaje y la socialización, entre otras.

Actualmente existe un gran número de investigaciones científicas que apoyan el empleo de la musicoterapia con diferentes tipos de personas.

La musicoterapia ayuda a:
A niños/as con:
  - Dificultades en el aprendizaje.
  - Problemas de conducta.

- Trastornos profundos en el desarrollo (autistas).

- Deficiencia mental.

- Dificultades en la socialización.

- Baja autoestima.

- Trastornos médicos crónicos y/o degenerativos (cáncer, cardiopatías, problemas de dolor, etc.).

A personas con:

- Enfermedades degenerativas debido a la edad (Alzheimer entre otras).

- Problemas de farmacodependencia y abuso de sustancias.

- Daño cerebral debido a enfermedades o traumatismos.

- Incapacidades físicas debidos a enfermedades degenerativas o accidentes.

- Problemas de dolor agudo o crónico debido a diversas condiciones (secuelas de accidentes, cáncer, etc.).

- Personas con enfermedades terminales.

A personas que no tienen problemas de salud pero que les permite emplear la música para:

- Reducir el estrés a través de hacer y escuchar música.
- Como apoyo en el proceso del parto en las mujeres.
- Aumentar la creatividad y la capacidad de resolver problemas.
- Disminuir la ansiedad.
- Mejorar la autoestima.
- Manejar el estrés.

La musicoterapia permite a las personas

- Explorar sus sentimientos.
- Hacer cambios positivos en su estado de ánimo y en su estado emocional.
- Desarrollar un sentido de control de sus vidas a través de experiencias de éxito.
- Aprender o poner en práctica habilidades para resolver problemas y conflictos.
- Mejorar las habilidades de socialización.

Reflexiones de la Autoestima

La autoestima y sus manifestaciones son individuales y personalizadas.

Tener una autoestima saludable no es cuestión de edad ni de experiencia.

Cada persona con su historia de vida construye las estructuras de su autoestima que, ciertamente, es susceptible de cambio en cualquier momento de la vida.

La autoestima no es el éxito, está limitada por factores internos de circunstancias e historias de vida, y también por factores externos y sociales.

No implica únicamente autoayuda, reafirmación externa de apariencia y eficiencia, ni nuevas metas que son algunas veces sinónimo de nuevas exigencias.

Las personas con problemas de abuso de alcohol suelen tener una autoestima baja.

Quien se siente bien consigo mismo tiene mayores probabilidades de no consumir alcohol en exceso: no necesita recurrir a él para reafirmarse a sí mismo, explora nuevas experiencias, se comunica con asertividad, logrando integrase al grupo, se pone metas realistas, a corto, mediano y largo plazo.

Una de las metas de la autoestima es la autorrealización.

Frente a constantes cambios y avances, tanto tecnológicos como científicos, el ser humano requiere un mayor número de recursos fisiológicos, psicológicos, sociales y de educación formal.

La autoestima se considera un recurso psicológico que contribuye a preservar el propio bienestar biológico, psicológico y social.

La autoestima es una herramienta importante para que los/as adolescentes tomen decisiones que coadyuven a su salud integral.

La autoestima incorpora la confianza en la propia valía, permite no subordinar sistemáticamente la voluntad individual a la del grupo.

Algunos de los componentes de la autoestima son: el autoconcepto, la eficiencia personal, el respeto por uno mismo y por supuesto, el amor.

El autoconcepto no sólo incluye el conocimiento de lo que se es, sino también de lo que se quiere ser y de lo que se debe ser.

El respeto se expresa en una actitud positiva y reafirmativa ante las necesidades, derechos, sentimientos y deseos propios.

En la adolescencia, la persona continúa la construcción y definición de su identidad; es decir, del autoconcepto.

Ejercicio 5

Cambiar creencias

"Tanto si crees que puedes, como si crees que no, tienes razón" (Henry Ford)

Realmente para un verdadero cambio de vida es necesario cambiar algunas de las creencias que te mantienen en tu estado actual.

Para ello, aprovecha los pensamientos negativos detectados en tu cabeza (esas voces que te dicen que no puedes, que eres peor o menos capaz que otros, que no tiene sentido o no merece la pena...) y emplea una técnica de cambio de creencias que te expongo a continuación.

1) Pregúntate: ¿Es realmente cierta esta creencia?, ¿Puedo estar seguro al 100% que esta idea es completamente real?

Lo normal es que veas que no puedes estar seguro al 100% de los pensamientos, éstos vienen y van, cambian en función de nuestro estado de ánimo, circunstancias, etc. Así que en cuanto compruebes que la creencia no es absolutamente cierta, ve al siguiente paso.

2) Piensa cómo eres y cómo actúas cuando esta creencia está en ti. ¿Te gusta lo que ves? Anota cómo eres y actúas con esa creencia.

3) Pregúntate: ¿Quién serías sin esta creencia?, ¿cómo actuarías, ¿Cómo vivirías si esta creencia no formara parte de tu pensamiento?

Date tiempo para reflexionar. No tengas prisa. Cierra los ojos e imagínate sin esa creencia. Después anótalo.

4) Recuerda si alguna vez actuaste sin esa creencia. Puede que en otro entorno o con relación a otros aspectos de tu vida o hace mucho tiempo, incluso en tu infancia.

5) Por último escribe una frase positiva y contraria a tu creencia inicial, en base a tu capacidad de ser de otra manera. Por ejemplo: si crees que eres una persona que no se atreve a cambiar, escribe en este último paso: "Soy una persona que se atreve a hacer cambios cuando de verdad lo necesita". La idea es que tanto una creencia (negativa) como la otra (positiva) pueden ser verdad en un momento dado, pero tú eliges cuál de las dos dominará tus acciones.

Haz este ejercicio con tantas creencias limitantes cuantas creas necesarias, para recopilar una lista con creencias nuevas o potenciadoras y tenerlas a la vista. Incluso te recomiendo escribir a mano estas frases potenciadoras y dejarlas en un lugar visible.

Lee estas frases al menos una vez al día en voz alta. Así conseguirás poco a poco reemplazar las viejas creencias por las nuevas. Cuando leas estas frases o afirmaciones que has creado, hazlo con alegría, convicción, aunque al principio no te lo creas, imagina que es así, que estás interpretando a un personaje que piensa así, y te guiará para que logres:

-Deshacerte de los pensamientos negativos

-Recargar y equilibrar tu energía

-Conectar con la fuerza maravillosa del amor y el agradecimiento.

-Liberarte del pasado y sentir paz interior

-Sentirte plena, sabia y exitosa

Los 5 pasos son:

1) El Amor es lo único Real

2) Perdonar te libera

3) Gracias. Descubre el poder del agradecimiento

4) Eres única y especial

5) Libérate de tu mente y vive más presente.

Reflexiones meditativas

Hay dos formas de vivir: o vives desde el miedo o lo haces desde el amor. El miedo y el amor son dos energías que crean algo en tu vida.

Cuando sientes miedo vuelves a lo mismo de siempre y anulas tus posibilidades de creación.

El miedo inmoviliza la idea de afrontar nuevos desafíos y te lleva a centrarte en lo que no quieres en lugar de lo que sí quieres para tu vida.

El miedo hace que aparezca esa voz interior que te dice que no lo conseguirás, que desconfíes, que te van a engañar, sientes que es mejor quedarse donde estas, crees que vas a fallar.

Miedo es no terminar de hacer o no decidirte por si pierdes o porque crees que tienes pocas posibilidades de que te salga bien.

El amor te invita a tomar nuevos retos aun sabiendo que quizás algunos de ellos no coincidan con tu objetivo inicial.

Cuando conectas con la energía del amor se abren las posibilidades y te vuelves más creativa. La energía del amor eleva tus vibraciones y aumentas la confianza en ti mismo. Esta sintonía te lleva a dar lo mejor de ti mismo cada día y expandirlo hacia afuera.

Vivir conectados con la energía del amor es tener la certeza y la fe de que en el momento perfecto recogerás los frutos de tu siembra. La fe es creer en algo que aún no puedes ver, pero que sabes que existe.

Cada día cuando te levantas tienes que elegir. O vives desde el miedo o lo haces desde el amor.

Ambas no pueden coexistir al mismo tiempo dentro de ti. Siempre estas eligiendo, seas consciente de ello o no.

Repite mentalmente, durante el día de hoy, la siguiente frase (¡apúntala para que no se te olvide!). Te ayudará a mantener tu sintonía con el amor y disfrutar de los momentos bellos de tu día.

Yo soy amor y veo todo con amor.

Perdonar

-Enseñanza Espiritual: Cuando perdonas lo haces por ti mismo, para no cargar dolor y rencor en tu interior. Perdonar no significa dar la razón a nadie, es elegir no retener el pasado dentro de ti. Suelta el dolor y vive en paz interior.

Tendemos a creer que nuestra verdad es la única forma correcta de hacer las cosas. Y que el otro, siempre es el que está equivocado.

Es muy común discutir y enfadarse con los demás intentando imponer nuestro punto de vista.

A veces, hacemos como que perdonamos, de forma inconsciente lo hacemos para sentirnos "buenas, aceptadas y queridas" pero eso no es perdonar porque el dolor continúa en nuestro interior.

-Perdonar es liberarte de la necesidad de juzgar. Emitir todo el tiempo valoraciones sobre lo que otros dices o hacen es una pérdida de tiempo que lo único que hará es que retengas en tu mente algo que te hace daño.

-Perdonar es dejar ir el pasado y vivir más presente. El pasado no lo cambiarás, pero sí aliviarás tu presente y disfrutarás plenamente de tu día. Al final, el pasado perderá fuerza y te sentirás más aliviada.

-Perdonar es no tomarse las cosas de forma personal. Nada puede hacerte daño, si tú no dejas que eso suceda. Cuando el otro habla, sus palabras reflejan su interior. Pero recuerda, cuando tú hablas, tus palabras reflejan el tuyo.

-Perdonar es aceptar. Luchar todos los días con una persona porque no ve las cosas como tú las ves, te aleja de la paz interior. Es importante deshacerte de las expectativas y de lo que esperas de los demás.

Cuando perdonas, te liberas de ese dolor. Te liberas de la carga que llevas en tu interior. Dejas marchar el rencor y el resentimiento.

¿Qué prefieres recordar eventos dolorosos o ser feliz?

¿Qué puedes hacer hoy que te acerque a tu paz interior? ¿Qué opciones son las más amorosas?

Tú eres un ser único e irrepetible, unido a la magia de la fuente de la vida. Puedes crear tus momentos y elegir tus pensamientos. Elige pensar en cosas bonitas.

Agradecer

Cuando agradeces, expandes tu energía y abres las puertas de la abundancia.

Ya estás preparado para bendecir cada momento de tu vida. Tu corazón está lleno de gratitud. La gratitud es sinónimo de amor porque nadie puede amar lo que no agradece. Un corazón agradecido le está diciendo al Universo qué es lo que valora y por esa causa recibe aún más. El éxito va de la mano de la gratitud.

Repetir la palabra "gracias" produce magia y actúa como un imán de toda clase de bendiciones.

Cuando agradeces, no solo estas pronunciando una palabra. Estas entrando en una sintonía maravillosa que hace que conectes con todo lo bueno y lindo de tu vida, te permite experimentar emociones de alta frecuencia y tu energía se expande irradiando amor y felicidad.

La gratitud no funciona como un hecho aislado. Hay que practicarla a diario.

Ejercicio 6

Meditación positiva

-Por la mañana: Repite mentalmente: "Gracias vida, por otro día maravilloso, estoy dispuesta a vivir mi día con alegría y amor." Anímate a expresarte con tus palabras, di lo que sientas y que sea positivo. Que te permita comenzar tu día entrando en el mundo de las posibilidades.

-Por la noche: Piensa en las cosas buenas que te han pasado y que actitudes has tenido diferentes y bonitas en tu día (este es un muy lindo ejercicio para hacer junto a nuestros niños y niñas).

Elige ser una mente que cree y crea milagros en su vida, busca cosas simples que puedas agradecer. Bendice los detalles y los instantes lindos que ocurren en tu vida. Agradece lo que eres, lo que haces, lo que sabes y lo que tienes.

Vive con gratitud. Haz que se convierta en un hábito y que forme parte de tu día a día. Puedes agradecer el agua caliente, un café, una cena, una sonrisa, un buen gesto, el aire que respiras, lo importante no es lo agradeces sino la emoción que desprendes mientras lo haces.

Cuanto más agradezcas a la vida, más motivos te dará para que te sientas agradecida.

Cultivar el agradecimiento

1- Sé positiva y aprecia cada detalle de tu vida

2- Sé alegre. La alegría es la vibración de alguien que valora lo que tiene.

3- Celebra la vida, bendice cada paso que das.

Repite mentalmente, durante el día de hoy, la siguiente frase (¡apúntala para que no se te olvide!), te ayudará a mantener tu sintonía con el amor y disfrutar de los momentos bellos de tu día. Hoy agradezco estar vivo.

Pensamientos negativos

Los estudios científicos aseguran que tenemos más de 50.000 pensamientos diarios. La mayoría de esos pensamientos pertenecen al pasado y al futuro, y el 80 % de esos pensamientos que mantienes en la mente son negativos y no te sirven para ser más feliz.

Los Pensamientos negativos son uno de los motivos de mayor sufrimiento y conflicto emocional. Nos ofrece una visión oscura de nosotras mismas y del mundo que nos rodea. Aparece el miedo y la inseguridad y se hace cada vez más difícil salir de nuestra zona de confort o comodidad, que sería nuestro mundo conocido.

Los pensamientos no son gratuitos. Cada vez que piensas, el cerebro envía «mensajeros químicos» que viajan por tu cuerpo:

Cuando los pensamientos son negativos o inútiles, es decir, de rabia, juicio o crítica, el cuerpo responde deprimiendo tu sistema inmunológico.

Si, por el contrario, tienes pensamientos positivos y llenos de fuerza, esos mensajeros llevan otras sustancias químicas que estimulan y fortalecen el sistema inmunitario.

Ser positivo no significa repetir una frase o vivir en un invento o en lo irreal. Significa ser responsable y observar el lado agradable de los acontecimientos y encontrar soluciones a los obstáculos.

Los pensamientos positivos elevan tu autoestima, hacen que estés alegre, te centras más en ti misma y te ayudan a ver la vida con otra actitud. Te ayudan a ver posibilidades en lugar de obstáculos.

Cuando cultivas el pensamiento positivo como un estilo de vida, comienzas a responder a una situación problemática de forma proactiva, es decir formando parte de lo que ocurre. Te sientes parte del problema por tanto puedes encontrar una solución.

Los pensamientos son energía, todo es energía y todo tiene una vibración. Cuando piensas emites una vibración determinada. Intenta mantener tu vibración en la misma frecuencia de la plenitud, la felicidad y la abundancia.

¿Qué puedes comenzar a hacer para mantenerte alineado?

¿Este pensamiento me acerca a mi paz interior o me alejan de ella?

La paz interior habita dentro de ti. Deja de buscarla afuera.

Elige lo que piensas Libera espacio y disfruta de tu bienestar interior. Perdona. Suelta el dolor. Escucha el silencio que habita dentro de ti. Percibe el amor que te une a todo lo que rodea. Acepta que todo sea como es. Abandona tu resistencia interna a que las cosas sea de otro modo. En la quietud, hallarás la solución a tus problemas; allí habita tu creatividad. Presta atención a las cosas bellas de tu vida. Eres una expresión divina de la vida. Eres única y maravillosa. Confía en ti y en la vida.

Repite mentalmente, durante el día de hoy, la siguiente frase (¡apúntala para que no se te olvide!), te ayudará a mantener tu sintonía con el amor y disfrutar de los momentos bellos de tu día:

Yo soy paz, yo soy amor, yo soy serenidad.

Frases positivas

- Muy bien, sabía que podías.

- Estoy seguro de que eres capaz.

- No dudo de tu buena intención.

- Juan tiene un alto concepto de ti.

- Si necesitas algo, pídemelo.

- Sé que lo hiciste sin querer.

- Estoy muy orgulloso de ti.

- ¿Sabes? Te quiero mucho.

- Yo sé que eres bueno/a.

- Te felicito por lo que has hecho.

- Cuando me necesites, yo te ayudaré.

- Noto que cada día eres mejor.

- Creo en lo que me dices.

- Sabes que quiero lo mejor para ti.

- Tú te mereces lo mejor.

- Puedes llegar donde quieras.

- Las próximas notas serán mejores.

- Te extrañé.

Ejercicios de Psicología positiva

Carta de proyección hacia el futuro

Se le pide a la persona que dedique un tiempo a imaginarse a sí mismo/a dentro de 10 años.

Esta tarea debe hacerla al menos durante 10 minutos unos 2 o 3 días.

La carta la escribirá en segunda persona, como si le escribiese una carta a un amigo.

Se presta atención a aquellos aspectos de la carta que muestran que el paciente empieza a ver más allá de la situación actual.

Mis mejores virtudes

En este ejercicio se le explica a la persona que virtud significa poder, fuerza para producir o causar efectos.

Las fuerzas más poderosas con las que puede contar para superar los problemas las denominamos: Mis mejores virtudes.

Se le ofrece una lista de posibles virtudes y se le pide que elija aquellas que querría fomentar y se le ayuda a elaborar estrategias para entrenarse en crear y potenciar alguna de ellas.

La huella vital y el progreso

Este ejercicio parte de la idea de que las personas estamos formadas por restos de todas las experiencias que hemos vivido, tanto positivas como negativas. El objetivo de esta tarea es encontrar la huella que han ido dejando estas experiencias y personas que hemos ido encontrando a lo largo de nuestra vida. A la vez se le pide a la persona que decida qué aspectos de esa huella quiere preservar, y cuáles cambiar.

La finalidad es que la persona sea capaz de extraer aprendizajes útiles para su vida. Para ello, se le anima a encontrar aspectos positivos del acontecimiento estresante. También se analiza si aparecen emociones positivas mientras se analiza el acontecimiento. Por último, se plantean los planes de futuro. Se trata de elaborar la visión de la persona que quiere llegar a ser en el futuro.

Heurísticos

Se le pide a la persona que elija algún heurístico (proverbios, lemas, afirmaciones, dichos populares, directrices de vida) que le ayuden a mantener y potenciar el cambio.

Tres cosas divertidas

Escoge tres cosas divertidas que hayan ocurrido en tu día y por qué ocurrieron: ¿Fuiste tú que las causaste directamente, fue algo espontáneo o fue otra persona? La capacidad de reírse de uno mismo y de la adversidad es algo muy positivo, poder relativizar y no tomarnos las cosas demasiado en serio.

Escribir un diario positivo

Aparte de ser una herramienta de autorreflexión muy poderosa también nos permite documentar los cambios positivos en nuestra forma de pensar y en nuestras acciones. Es un método útil para superar emociones negativas, expresarlas de forma sana y transitiva a un estado más positivo. Para las narraciones de cosas positivas o logros procura incluir estos apartados: ¿Qué ocurrió?, ¿Por qué ocurrió?, ¿Qué hice bien?, ¿Cómo ayudé a que eso ocurriera? Para las narraciones de problemas: ¿Cómo me esta esto obstaculizando?, ¿Que pensamientos y acciones puedo llevar a cabo para salir de ese obstáculo, para vencerlo?, es decir, enfócalo como una herramienta de solución de problemas.

Escribir un diario futurista

Cierra los ojos y visualiza tu futuro. Céntrate en las diferencias con el momento presente y en cómo conseguirás esos cambios, esas metas. Céntrate en cómo te sientes en ese futuro y en cómo responden los demás a ese nuevo tú. Posteriormente piensa en cómo utilizarás las técnicas y hábitos que estás aprendiendo en el camino para ayudar a los demás.

Contar los gestos de bondad: Lleva la cuenta de los actos generosos o bondadosos que realizas durante el día y aquellos que observas. Sonreír a la gente, ayudar a alguien a cruzar, recoger algo que se le ha caído a la persona de enfrente, etc.

Visita de gratitud

Piensa en alguien al que tengas algo que agradecer, que te haya ayudado, que ha sido amable o bondadoso contigo.

No familiares ni pareja.

Escríbele una carta a esta persona, explicándole cómo te han ayudado y el impacto de su influencia, su conducta y su gratitud en ti.

Queda con esa persona, léele la carta y posteriormente regálasela.

Cultiva una perspectiva positiva

Intenta cambiar tu punto de vista cuando te asalten pensamientos negativos, busca algo positivo o bondadoso a tu alrededor. Si sientes ansiedad observa las flores a tu alrededor, escucha los pájaros, siente el aire que roza tu piel, observa a la gente de la calle, los niños riendo, las familias paseando. Todos sufrimos, pero frecuentemente los pensamientos negativos son inútiles, no resuelven la situación (si es que esta es real y no un pensamiento en sí) y nos hacen sentir peor. Las emociones no son hechos y podemos cambiarlas si nos esforzamos.

Las relaciones sociales

Las personas que tienen al menos una amistad cercana son más felices. Es importante tener gente con quien contar, sentirnos queridos y apoyados. Es importante poder expresarnos con libertad con nuestros seres queridos, expresar cómo nos sentimos y lo que queremos. No parece tan importante la cantidad de amigos que tenemos, sino la frecuencia de interacciones y actividades compartidas con ellos. Para ello es importante cultivar la habilidad de expresar interés en lo que nos dicen los demás, y de responder de forma alentadora.

La actividad física

El bienestar físico es importante para nuestro bienestar mental. Mantener un nivel de actividad física y una alimentación saludable puede ayudarnos a mejorar nuestro estado de ánimo. El ejercicio físico tiene un gran impacto en la depresión.

Sin embargo, muchas veces cuando practicamos ejercicio físico tenemos en mente el objetivo de estar más atractivos y perder peso. Eso deberían ser motivos secundarios, y realizar ejercicio por el simple placer de hacerlo. Muchas veces no nos gusta hacer actividad física porque "no nos gusta". Pero hay una gran variedad de actividades que podemos hacer que se adapten a nuestros gustos, incluso pasear a buen ritmo puede reportarnos beneficios. Descubre aquí cómo empezar a hacer ejercicio.

El humor

El humor aumenta nuestro bienestar, alarga la vida y nos hace más felices. Es importante tener sentido del humor, pero como todo, se puede entrenar.

Rodéate de personas con sentido del humor, es contagioso.

Aprende a tomarte menos en serio y ríete de ti mismo (sin ridiculizarte, por supuesto).

Aprende a usar el humor de forma inteligente, no indiscriminadamente. No todos los momentos son adecuados.

Gratitud

Practicar el agradecimiento es una de las cosas que más bienestar reporta a las personas. A veces, no nos damos cuenta, pero siempre tenemos algo de lo que estar agradecido. Os muestro tres ejercicios de psicología positiva que son muy útiles para cultivar el hábito del agradecimiento:

-Llevar un diario de gratitud y cada noche, antes de acostarnos, apuntar en él al menos tres cosas de ese día de las que nos sintamos agradecidos.

-Escribir una carta de agradecimiento a una persona especial. Escribe como te sientes gracias a lo bueno que has recibido de ella. Busca a la persona, y si te es posible léele personalmente la carta. Permítete disfrutar de los sentimientos y emociones que te provoca el agradecerle.

-Dar las gracias en todo momento. Establece el hábito mental de agradecer siempre y en todo momento. Busca activamente los detalles y las acciones de otras personas para ayudarte y/o hacerte sentir bien, y agradéceselo.

Tres cosas buenas

Este ejercicio de psicología positiva consiste en llevar a cabo un "diario de placeres". Apunta cada noche tres cosas positivas que te hayan proporcionado placer, felicidad, satisfacción. Reflexiona acerca de qué es lo que habéis sentido y por qué. No juzgues, y no seas negativo. Esto te ayudará a ser más consciente de los buenos momentos del día, te ayudará a descubrir qué es lo que te ha proporcionado felicidad y podrás replicarlo en los días posteriores.

Psicología positiva en el trabajo

¿Cómo aplicar la psicología positiva en el trabajo? Para muchos, el lugar de trabajo es un lugar de tortura. Es ese sitio terrible con gente terrible del que no puedo escapar porque necesito un sueldo para mantenerme. Y aunque no sea el lugar más deseable del mundo es posible hacer de él un sitio menos hostil.

1. Practica la gratitud

Al igual que en el ejercicio de psicología positiva propuesto anteriormente, en el trabajo también puedes practicar la gratitud.

Piensa en una persona que nos haya hecho algo que realmente apreciamos. Escríbele una carta y léesela en voz alta.

Este ejercicio te aporta un sentimiento de bienestar al mismo tiempo que refuerza la relación con esa persona.

2. Toma perspectiva de tus tareas

Si le damos a nuestro trabajo un significado, más allá de la obligación de hacerlo, es posible aumentar nuestros niveles de felicidad y satisfacción. Intenta visualizar en qué contribuye esa tarea para el bien mayor. Huye de la negatividad, porque puedes pensar "para que el jefe se enriquezca".

Pero estos pensamientos no ayudan. Piensa qué servicio le das a la gente, para qué es necesario.

Y si no encuentras nada piensa qué te aporta a ti (seguridad económica, recursos para tus hijos).

3. Piensa en lo positivo de la jornada

Al igual que hicimos anteriormente, puedes pensar en tres cosas positivas que te hayan pasado en el trabajo. Puede ser un "gracias" y una sonrisa de alguien, puede haber sido un café con un compañero o un halago de alguien.

4. Pasa tiempo con tus compañeros de trabajo

Haz un esfuerzo por conocer a tus compañeros de trabajo, habla con ellos, toma un café o planead actividades fuera de la jornada laboral.

5. Utiliza tus fortalezas

Conocer nuestras fortalezas y utilizarlas diariamente en nuestro trabajo aumenta nuestra felicidad y sentido de logro.

Ejercicios de psicología positiva para niños

¿Cómo podemos aplicar la psicología positiva en los niños? Incorporar la psicología positiva en la vida de tu hijo puede ser bastante sencillo. Es simplemente adaptar al niño los ejercicios previamente mencionados.

1. La lista de gratitud

Un ejercicio de psicología positiva para niños consiste en animar a tu hijo a que escriba tres cosas por las que está agradecido cada día. Podéis practicar este ejercicio en familia. Al final de la semana revisadlo juntos y reflexionad acerca de aquellas cosas maravillosas que apreciar en la vida.

2. Acto de bondad

Ayuda a que tu hijo se atreva a realizar cada día un acto de bondad hacia otra persona. Ayúdale a descubrir lo bien que sienta ser bueno con los demás. También podéis planear qué cosas buenas hacer por los demás para la próxima semana y apuntarlo.

3. Tres cosas buenas

Otro interesante ejercicio de psicología positiva para niños consiste en que ayudes a tu hijo a reflexionar acerca de tres cosas positivas que le han pasado durante el día. Quizá un cumplido de la profesora o de un amigo, un momento divertido durante la comida o un paseo reconfortante.

4. Lista de fortalezas

Juntos descubrid que fortalezas tiene tu hijo y pensad cómo puede usarlas para mejorar su día o ayudar a los demás.

5. Disfrutar

En lugar de ir con prisas a través de la rutina diaria, aminorad el ritmo e intentad saborear y disfrutar de una actividad o momento placentero. Practicar mindfulness con tu hijo puede aumentar vuestra conciencia en el momento presente y disminuir las preocupaciones y la ansiedad.

6. Las relaciones sociales

Tener relaciones sociales significativas contribuye de forma muy significativa a nuestro bienestar general. A lo largo de la semana asegúrate de que tu hijo pasa tiempo de calidad con algún buen amigo o familiar especial. O incluso puede con algún amigo nuevo al que quiera conocer mejor.

7. Lista de metas

Un buen ejercicio de psicología positiva en niños puede ser ayudar al pequeño a crear una lista de metas a corto y largo plazo, que sean factibles y no necesariamente complicadas. Ver cómo vamos consiguiendo aquello que nos proponemos nos hace sentir bien a todos y nos ayuda a ser un poquito más felices.

Visualización

Con una relajación sencilla, podemos pedirle a la persona que imagine una situación donde haya experimentado placer. Primero es importante el haberla decidido junto con la persona.

En un primer paso, hay que diseñar con calma esta situación. Es como si hiciéramos el guion de un pequeño cortometraje. Imaginaremos los personajes, las acciones, que sucede.

Tras ello habremos de practicarlo en la consulta o en el aula, y asegurarnos de que esta práctica se repita al menos una vez al día.

Compromiso con la tarea

Es la capacidad de involucrarnos de manera positiva en los actos del día a día. Aunque nos parezcan poco placenteros, incluso no siéndolo, si utilizamos nuestras fortalezas al realizarlos, nuestro nivel de bienestar se elevará. Nos puede llevar al fluir.

Aquí les preguntaremos directamente sobre sus maneras de fluir tras haber visto las características del fluir.

Actividades agradables

En primer lugar, lo que haremos será hacer un listado de actividades que estimulan el flow. Tras ello estableceremos una campaña de compromiso.

Planificar actividades semanal, mensual y anualmente que permitan entrar en flow.

Relaciones Positivas

Buscaremos con nuestro consultante o clientes conexiones auténticas con los demás. Lo que vamos a procurar es a enseñar a manejar las relaciones de manera constructiva.

Círculo de las relaciones

Este será un primer paso para mejorar las relaciones de las personas con las que trabajemos.

Trazaremos tres círculos concéntricos. El primero la persona anotará aquellas personas que más cercanas se sientan respecto de ella. En el segundo amistades o buenos compañeros de trabajo. Y en el tercero personas conocidas.

¿Cómo de llenos están esos círculos? ¿Se sienta cómoda con la cantidad y calidad de personas que hay? Ello nos dará pistas sobre como intervenir.

Significado de Vida

El sentido de vida significa pertenecer a algo más grande que yo mismo. Para ello podemos añadir claridad, ya que esto tiene cierta dificultad para bastantes personas.

La hoja en blanco

¿Cuál es mi papel aquí?

¿Cuál es mi lugar en el mundo?

El ejercicio de la hoja en blanco consiste en escribir en una hoja sucesivas respuestas. Las primeras es probable que no sean muy significativas. Las siguientes, si aguantamos y escribimos el tiempo suficiente.

Logros

Sentir que podemos lograr cosas lo que provoca es aumentar la percepción de logro. El primer paso para fomentar este factor será hacer un listado de logros.

Vamos a mirar al pasado con la persona o grupo con el que trabajemos. ¿Qué éxitos, logros, méritos, cosas buenas, cambios vitales que ha tenido esa persona? Cuantos más se escriban mejor. De hecho, el recordar unos nos va a llevar a otros. En este sentido hay que ser generosos y recordar y ampliar el radar respecto de lo conseguido.

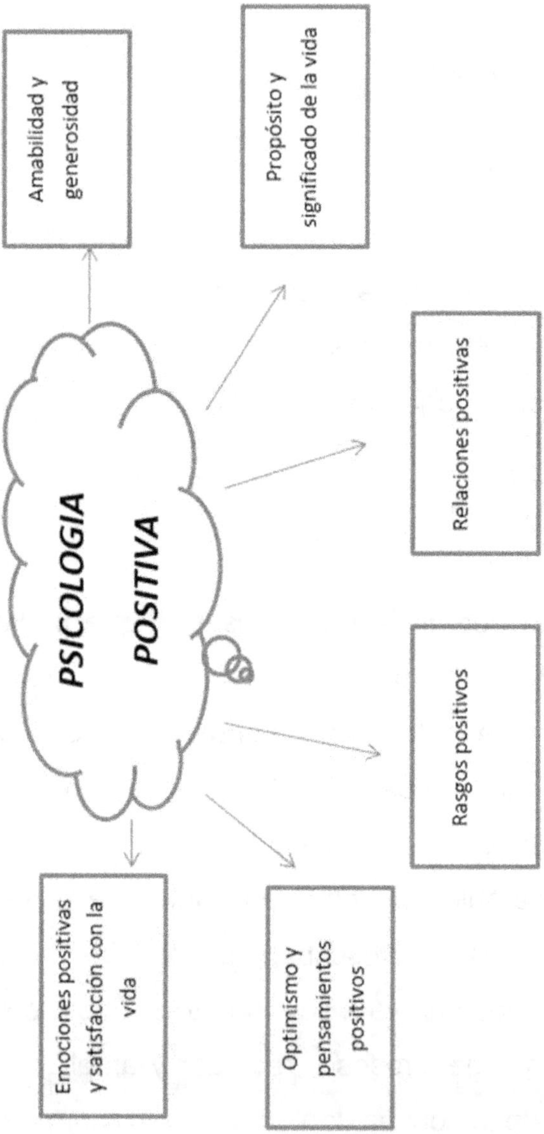

PSICOLOGIA POSITIVA
Amabilidad y generosidad
Propósito y significado de la vida
Relaciones positivas
Rasgos positivos
Emociones positivas y satisfacción con la vida
Optimismo y pensamientos positivos

Bibliografía

D. Goleman, "Inteligencia Emocional".

M. D. Avia y C. Vázquez, "Optimismo Inteligente".

M. E. P. Seligman, "Niños optimistas".

Miguel D'Addario, "Psicología Evolutiva".

B. Cyrulnik, artículo de opinión en El Mundo, 2 de diciembre de 2006.

Guía Didáctica del Curso "Psicología para Educadores".

X. M. Domínguez Prieto, "Viktor E. Frankl".

S. Biddulph, "El secreto del niño feliz".

I. Marshall y D. Zohar, "Inteligencia Espiritual".

Bruscia, KE. Defining "Music Therapy".

Campaña, Eduardo y Muñoz, Mirtha, "Varón y Mujer los creó".

De Angulo José Miguel y Lozada, Luz Estella,1992, "Autoestima y dignidad".

Eric, Juan;(1997), "Sobre Autoestima".

Freud, Sigmund, "Introducción al Narcisismo".

F.I.S., "Factores de riesgo, protección y resiliencia".

Gaja Jaumeandreu, Raimon, "Bienestar, Autoestima y Felicidad".

Garma, A. y Elexpuru I, "El autoconcepto en el aula".

Psicología Positiva

Fundamentos, estudios y ejercicios

Miguel D'Addario · PhD

Primera edición

Comunidad europea

2019